· 중학생을 위한 관계 수업 ·

나는 왜 진짜친구가 없을까?

초판 1쇄 펴냄 2015년 3월 6일
　　 7쇄 펴냄 2022년 5월 6일

지은이 애니 폭스
옮긴이 최설희
펴낸이 고영은 박미숙

펴낸곳 뜨인돌출판(주) ｜ 출판등록 1994.10.11.(제406-251002011000185호)
주소 10881 경기도 파주시 회동길 337-9
홈페이지 www.ddstone.com ｜ 블로그 blog.naver.com/ddstone1994
페이스북 www.facebook.com/ddstone1994 ｜ 인스타그램 @ddstone_books
대표전화 02-337-5252 ｜ 팩스 031-947-5868

ISBN 978-89-5807-556-1　03180

나는 왜 진짜친구가 없을까?

애니 폭스 지음 | 최설희 옮김

뜨인돌

안녕, 나는 청소년들을 위한 웹사이트에서 상담을 하고 있는 애니야.
많은 친구들이 각자의 삶에서 일어나는 수없이 많은 일들에 대해 이메일
로 물어보곤 해. 그중에서 가장 많이 물어보는 건 역시 '친구관계'야.

"제 친구는 저랑 친구인 게 싫은가 봐요."

"친구가 저에 대한 나쁜 소문을 퍼뜨리고 다녀요."

"걔 늘 저만 따돌려요."

고민은 달라 보이지만 결론은 언제나 하나야.

"친구 때문에 너무 힘들어요. 도와주세요."

한 가지는 확실해. 너는 다른 사람의 행동을 바꿀 수 없어. 세상 어느
누구도 다른 사람의 행동을 바꿀 만큼 어마어마한 능력을 가진 사람은
없어. 그런데 '친구관계'에서는 '바로 너, 그리고 네가 하는 행동'이 무언
가를 풀 열쇠가 될 수 있어. 만약 지금 뭔가 마음에 걸린다면 그 상황에
대처하는 네 '태도'를 바꿔 봐. 아니면 적어도 그 일에 대한 네 감정을 솔
직하게 표현해 보면 어때? 그리고 정말로 다른 방법이 없다면, 다른 친구
를 사귀는 방법도 있어.

가장 분명한 사실은, 서로를 있는 그대로 받아들이고 존중할 때에만 친구가 될 수 있다는 거야. 그런데 그런 진짜친구를 어떻게 알아볼까? 알아본들 그런 애들과 친해질 수 있을까? 어떻게? 혹시 어떤 이성이 친구 이상으로 느껴질 땐, 그럴 땐 어쩌지?

방법은 간단해. 일단 이 책을 끝까지 읽어 봐. 너와 같은 고민과 사연이 있는 십 대 여섯 명의 이야기가 실려 있어. 읽다 보면 '관계'에 숨겨진 비밀들을 알게 될 거야. 친구들이 들려주는 이야기나 우리가 알려 주는 유용한 정보 속에서 너에게 꼭 필요한 충고나 문제 해결의 열쇠도 찾을 수 있을걸? 네가 어떤 걸 찾든 확실한 건 네가 찾은 열쇠가 앞으로 네 친구관계를 더 단단하게 만들어 줄 거라는 사실이야. 어때? 같이 열쇠를 찾으러 가 볼까?

진실한 우정을 담아,
애니 폭스

등장 인물

마테오 지금 친구들에 만족하고 친구관계에 큰 문제는 없어. 여자 친구? 있으면 좋겠지만 사귀기가 그리 쉽진 않잖아.

애비 인기가 없는 편이라 인기 있는 친구가 다가오면 쉽게 마음을 열어. 하지만 진실한 친구를 알아보는 건 너무 어려워.

크리스 난 인기 있는 편은 아니야. 하지만 좋아하는 애가 있어. 어떻게 고백하면 좋을까?

미셸 친구들은 나 보고 똑똑하다고 해. 내가 잘난 척한다고 싫어하는 것도 같고. 문제가 있는 친구를 보면 도와주고 싶은데 어떻게 도울 수 있을지 알고 싶어.

젠 친구관계 문제들은 이미 다 겪어 봐서 별로 크게 힘든 건 없어. 그보다 날씬해지고 인기가 많아졌으면 좋겠어.

잭 아직 여친을 사귀는 건 이르다고 생각하지만 거절하지 못해서 교제를 시작했어. 그런데 친구들과 여친 사이에서 힘든 일이 너무 많아.

차 례

친구가 있다는 건 참 멋진 일이야.

그런데 네가 우리 같은 상황이라면
너도 아마 '친구'라는 게 정확히 뭔지 궁금해질 거야.
어쩌면 너도 누가 진짜친구인지 헷갈릴지도 몰라.
무슨 말이냐고? 몇 주 전에 우리가 공원에서 놀고 있는데,
크리스와 어릴 적 친하게 지내던 녀석이 나타났어.

똑똑한 미셸이 이런 문제를 그냥 넘길 리가 없지.

역시 미셸이 질문 하나를 던졌어.

친구, 친구 쉽게 말하지만 진짜친구라는 건 뭘까?

"내가 믿을 수 있는 사람."

"나를 좋아해 주는 사람."

"같이 있으면 재미있는 애들."

모두 다른 답을 말했지. 그렇게 얘기하다 보니 나중에 가서는 '친구'라는 걸 정확히 뭐라고 정의해야 할지 우리도 헷갈리기 시작한 거야.

친구관계, 생각보다 복잡해. 특히 내가 친구라고 생각했던 애가 갑자기 딴사람이 된 것처럼 행동하기 시작할 때, 진짜 당황스럽지.

친구 사이엔 왜 문제가 끊이지 않는 걸까? 아무리 생각해도 답이 안 나와. 똑똑한 미셸은 이럴 때 이렇게 말해.

"내가 답을 모른다고 해서 정답이 없는 건 아니다."

맞는 말이야! 그래서 다른 십 대들은 친구 문제를 어떻게 다루고 있는지 물어보기로 했어. 친구들은 자신의 고민과 문제, 다양한 해결 방법까지 모두 알려 주었어. 심지어 친구 이상으로 발전시키고 싶은 이성 친구를 대하는 방법도 알려 주더라니까.

자, 그럼 다들 어떻게 '진짜친구'를 찾아가고 있는지 들어 보러 갈까?

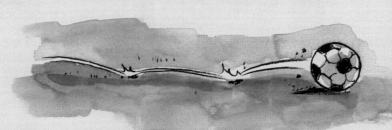

친구 사이에 뭐 그렇게 심각한 문제들이 일어나느냐고?
모르는 소리! 얼마나 엄청난 일들이 일어나는데.
그렇지만 앞에서 말했듯이, 그런 힘든 순간들을 이겨 낼 수 있는
비법들이 여기 잔뜩 있다고.

잭

애비

마테오

1.
내 친구는 진짜친구일까?

|진짜친구 감별법|

친구 사이에 아무 문제가 없을 땐
어떻게 친구가 됐는지, 친구들끼리 서로
왜 좋아하는지 별로 생각해 보지 않을 거야.

그냥 좋으니까 좋은 거지. 그리고 그냥 자연스레 친구가 된 것처럼 보이기도 해. 어쩌면 넌 '친구'라는 관계에서 네가 찾고 싶은 게 뭔지 생각해 본 적이 없을지도 몰라.

그런데 한번 생각해 보자. 너나 네 친구가 최근에 이사를 했거나 멀리 떨어져 지내야 하는 상황이야. 그래서 어울려 다닐 친구를 다시 찾아야 한다면? 아니면 지금 주변에 있는 친구가 이전과 다르게 보이기 시작한다면?

이런 때, 진짜 좋은 친구가 어떤 친구일까 궁금해질지도 몰라.

정직한 게 중요한 걸까? 웃긴 건? 운동 잘하는 건? 그리고 친구 말에는 늘 옳다고 맞장구쳐 줘야 하는 걸까?

'우정'을 정의하는 말들은 많아. 하지만 네가 이름만 친구인 애들 말고 '진짜친구'를 찾고 있다면 진짜친구가 정확히 뭔지 알아야 해. 마치 물건을 사는 것과 비슷해. 네가 사려는 물건에 대해 잘 알면, 빨리 쉽게 찾을 수 있잖아.

같이 웃을 수 있고,
나에게 도움을 주는 사람이
친구지.

내가 기분이 처져 있을 때
내 기분을 살리려고 애쓰는
친구는 진짜친구야.

아무 불만 없이
서로 이야기할 수 있는
존재?

친구가 별건가?
서로 경쟁하지 않으면
친구지.

어떤 상황에서도
언제나 내 편이 되어 주는 게
진짜친구 아냐?
서로 할 일을 존중하고
이해해 주는 건도 중요해.

가장 친한 친구는
언제나 나를 믿어 줘.
그럴 수 없는 상황일 때도.
그리고 내가 뭘 하면 좋아할지
늘 생각해 줘.

진짜친구란
내가 필요로 할 때 곁에 있어 두는
존재야. 나한테 무슨 일이 있으면
아무리 내가 웃으며 별일 없다고
해도 바로 알아챈다니까.

"진짜친구란···."

진짜친구 감별법

어떤 사람이 좋은 사람인지 아닌지를 정확히 판단하는 건 어려운 일이야. 하지만 '친구'를 볼 때는 지금부터 이야기하는 부분을 가지고 있는지 살펴볼 필요가 있어.

1. 진짜친구는 정직해.

친구가 하는 말이 늘 마음에 들거나 친구들의 의견에 늘 동의할 수는 없어. 하지만 진짜친구라면 너에게 '진실'만을 말할 거야.

2. 진짜친구들은 너를 걱정해.

네가 어떤 상황에 처하든, 진짜친구는 너를 도와주려고 할 거야. 할 수 있는 일이든, 어려운 일이든 상관 없이. 그만큼 네가 그 아이들에게 중요하기 때문이야.

3. 진짜친구는 너를 있는 그대로 받아들여 줘.

진짜친구들과 함께 있을 때면 넌 어색하게 다른 사람인 척할 필요가 없어. 아무도 그렇게 하라고 부추기거나 압박하지 않거든.

4. 진짜친구는 너를 존중해.

진짜친구는 네가 하는 말을 언제나 주의 깊게 들어 주고, 네 생각이나 의견, 감정을 진지하게 받아들여.

5. 진짜친구는 언제나 네 말을 이해하려고 노력해.

진짜친구는 네가 어떤 아이인지 평소에 뭘 중요하게 여기는지 잘 알고 있어. 그래서 서로를 이해하는 데 긴 말이나 설명이 필요 없어. 눈빛만 보면 끝!

6. 진짜친구는 서로를 용서할 줄 알아.

세상에 완벽한 사람이 어디 있겠어? 누구나 실수를 해. 하지만 진짜친 구는 자신이 실수했을 때 용서를 구할 줄 알고, 네가 실수했을 때는 너 그럽게 용서할 줄 알아.

네가 친구를 깊이 신뢰한다면
우정 문제로 고민할 일은 없을 거야.

그렇지만 아주 잠깐이라도 친구가 네 예상을 뒤엎는 행동을 한다면?

예를 들어, 네가 가장 친한 친구한테 진짜 창피했던 일을 얘기해 줬어. 친구는 절대로 아무한테도 말하지 않겠다고 맹세했고. 그런데 그 친구가 누군가에게 말해 버린 거야!

이런 일도 있을 수 있어. 여럿이 게임을 하던 중에 네가 게임을 망쳐 버렸어. 그때 좋은 친구라고 생각한 애가 너를 사람들 앞에서 창피를 준다면? 이런 일들이 일어나면 대체 이게 뭐지 싶을 거야.

친구들이 너를 대하는 태도나 그 아이들과 있을 때의 네 '느낌'만으로도 친구들에 대해 많은 걸 알 수 있어. 이제부터 진짜친구 찾는 법을 구체적으로 알려 줄게.

"이래서 우리가 친구지!"

어떤 사람들이랑 있을 때는 말 한마디를 하려 해도 신경이 쓰이고
조심하게 돼. 하지만 진짜친구랑 있을 땐 그럴 필요가 없어.
늘 하던 대로 나다우면 되니까.

내 친구는 상황에 딱 맞는 말과 행동만 골라서 해.
나는 진심으로 그 애처럼 되고 싶어.

내 친구는 성격이 밝아서 같이 있으면 늘 기분이 좋아.
걔랑 같이 있으면 덩달아 나도 자신감이 막 붙는다니까.

기분이 처져 있을 때면 늘 기운을 북돋아 주는 친구가 있어.
꼭 주변 사람을 돌봐 주는 능력을 타고난 애 같아.

내 친구는 세상에서 제일 착해. 우린 뭐든 같이해.
걔랑 같이 있으면 늘 웃는다니까.

내 친구랑 나는 정말 비슷해. 나를 진짜로 이해해 주는 유일한 사람이야.
가끔은 내 속을 들여다보는 것 같아.

누가 진짜친구일까?

자, 그럼 이제 네 친구들은 어떤지 한번 확인해 볼까?

이건 혼자서 해 보는 게 가장 좋아. 누가 보고 있으면 솔직하게 대답하기 어려우니까.

1. 종이를 한 장 준비해서 밑에 있는 표를 그려 봐.

왼쪽 '내 친구 이름' 칸에는 친구들 이름을 전부 적어. 오른쪽에는 친구에 대한 네 느낌을 표시하는 거야.

내 친구 이름	언제나 친구	가끔 친구	친구로 느낀 적 없음

— '언제나' 친구로 느껴지는 친구는 언제나 너를 존중해 주고 지지해 줘. 어쩌다 너에게 실수를 해도 바로 미안하다고 사과하고 똑같은 실수를 안 하려고 노력해. 이런 친구는 언제나 믿음직스러워.

— '가끔' 친구로 느껴지는 아이들도 있지? 그런 아이들은 그저 네가 지내기 편하기 때문에 친구로 대하는 걸 거야.

— 친구로 느껴지지 않는 아이들은 당연히 진짜친구가 아니야. 한때 친구였을 수도 있지만 더 이상 친구로 느껴지지 않으면 이젠 친구가 아닌 거야.

2. 그럼 이제 각 친구의 느낌을 표시해 봐.

이 친구는 언제나 친구? 아니면 가끔 친구로 느껴지는 친구?

3. 결론이 보이니?

친구로 느껴지지 않는 아이가 있니? 그런 아이들과 계속 친구가 되고 싶다면 뭔가 문제가 있는 거야. 너는 그 아이들에게 그런 대접을 받을 이유가 없어. '가끔' 친구가 있다고? 그저 편리하게 너를 이용하는 그 아이들에겐 나를 친구로 제대로 대접해 달라고 말해야 할지도 몰라. 걔들이 네 진짜 가치를 알 수 있도록. 너에게 최소한 한 명이라도 '언제나' 친구가 있다면 넌 이미 진짜친구를 만나고 있는 거야.

근데 만약 네 친구들이 이 표를 만들어 본다면 너를 어떤 칸에 넣을까?

너나 네 친구들은 모두 특별하고 독특해.
그렇기 때문에 우정을 유지하는 방법 중에
'이거다!' 하는 유일한 방법은 없어.

　너는 너만의 방식으로 친구를 만들어 갈 거야. 그게 바로 네가 해야 할 일이고. 다만 너와 네 친구가 서로를 '믿고' 있다면 다른 일은 모두 문제없이 흘러갈 거야.

　더 중요한 건 서로에 대한 신뢰를 쌓기 이전에 너 스스로를 믿는 거야. 자기 자신을 믿는 건 어떤 친구관계에서든 가장 중요한 부분이야.

　혹시 이런 궁금증이 생길 수도 있을 거야. "친구에 대한 제 느낌을 신뢰할 수 있나요?"

　'느낌'이란 건 친구 사이에서 무슨 일이 일어나고 있는지 알아채게 하는 너만의 알람 같은 거야. 아이들이 너를 존중하고 있는지 그렇지 않은지 느낌으로 대부분 바로 알아챌 수 있어.

　또 하나, 사람들이 너를 어떻게 대하는지 신경 쓰는 것도 중요하지만, 너 역시 친구들을 존중하고 있는지, 친구들에게 우정으로 답하고 있는지 잘 생각해 봐.

"진짜친구들은 이렇게 한다!"

친구가 외로워하니까 마음이 안 좋더라고.
그래서 그 친구랑 더 자주 어울려 다니기 시작했어.

친구들이 내가 다른 애들이랑 노느라 자기들을 따돌린다고 생각해.
그래서 시간을 맞춰서 다 같이 놀기로 했어.

친구가 자기 오빠의 친구를 몰래 만나는 걸 알고
그 애 엄마가 눈치채시도록 했어. 그걸 알고 친구는 처음엔
나를 미워했지만 지금은 내가 그렇게 해 줘서 고맙대.

친구가 나쁜 일에 손을 대길래 그 애 언니한테 말했어.
친구는 엄청 화를 내면서 배신하는 건 친구가 아니라고 했지.
난 신뢰를 저버린 건 미안하지만 친구를 위해서였다고 말했어.

친구 부모님이 이혼을 하시고서 친구는 늘 화가 나 있어. 나는 친구가
마음 놓고 울 수 있게 다독여 두고 도움 되는 이야기도 많이 해 줬어.

내 친구가 이번 시험을 아주 잘 봤어. 근데 질투가 나기는커녕
친구가 너무 자랑스러운 거야. 그게 바로 진짜친구가 할 일이잖아.

진짜친구가 있다는 건 정말 멋진 일이야.
사는 게 정말 재미있어지거든.

진짜친구가 어떻게 행동하는지 알고 있다면 너는 진짜친구를 알아볼 수 있어. 그럼 너와 친구의 관계는 진짜야? 아닌 것 같다고? 그럼 넌 이렇게 말할 수 있어야 해.

"이건 아니야!"

친구관계에 뭔가 문제가 생겼다면 '이건 아니야'라고 말할 수 있는 용기가 필요해.

왜냐고? 너는 너를 100퍼센트 믿어 주는 친구를 둘 만큼 충분히 소중한 사람이니까. 물론 네 진짜친구도 너에게 100퍼센트 신뢰를 받을 만큼 소중한 사람이야.

영화 〈굿바이 마이 프렌드〉

진짜친구란 뭘까? 진짜친구의 좋은 모델을 보여 주는 영화를 소개할게. 어느 날 에릭 옆집에 덱스터라는 소년이 이사를 와. 덱스터는 수혈 때문에 에이즈에 감염된 소년이야. 어른들은 경계하고 아이들은 놀리지만 덱스터와 에릭은 우정을 단단하게 만들어 가. 에릭은 덱스터를 낫게 하려고 책에서 본 들풀이나 약초를 먹이다가 에이즈 치료제를 찾기 위해 함께 가출을 감행하지. 이 아이들의 우정은 단순하고 명쾌해. 에릭은 불치병을 앓고 있는 친구를 위해 자신이 할 수 있는 가장 긍정적인 방법으로 밝은 메시지를 전해 줘. 그 덕에 덱스터는 죽음 앞에서도 자신의 삶을 사랑할 수 있게 되지. 에릭은 사람들의 눈치를 보지 않고 덱스터에게 필요한 걸 아낌없이 나눠 줬어. 이게 바로 진짜친구의 모습이 아닐까?

책 『우리 친구 맞아?』 이남석 지음

집안 사정 때문에 갑자기 서울에서 예산으로 전학을 가게 된 열다섯 살 중학생 리나를 중심으로 십 대들이 가족, 친구, 선후배와 관계를 맺으며 겪는 여러 일들을 그려 낸 책이야. 주인공 리나는 친구를 사귈 때 이득을 먼저 따지고, 말재주로 상대의 마음을 휘어잡으려 하고, 수시로 거짓말을 지어 내며 관계를 주도하려 들어. 그러다 뜻대로 안 되면 상대에게 책임을 떠넘기며 관계를 끊어 버리지. 관계 맺기를 갈망하면서도 좀처럼 마음을 열지 못하는 우리 모습과 다르지 않지? 나와 너의 '차이'를 인정했을 때, 비로소 서로 둘도 없는 존재가 되고 오래가는 '사이'를 지켜 낼 수 있다는, '차이'와 '사이'에 대한 작가의 메시지가 가슴을 울리는 책이야.

2.
수학보다 어려운 친구관계

|엉킨 친구관계 푸는 법|

친구끼리 서로 상처 주거나
실망시킬 일이 없다면 얼마나 좋을까?

하지만 현실에선 친구 사이에 실망할 일이 자주 생겨. 가장 친하고 최고로 아끼는 사이라고 해도 말이야.

고의든 실수든 친구들이 너한테 화를 낼 때가 있을 거야. 물론 너도 친구들에게 화를 낼 때가 있지. 그런데 친한 친구들끼리 화를 내는 건 좀 이상하지 않아? 그런 일들은 대체 왜 일어나는 걸까?

어쩌면 친구가 기분이 나쁜 그 순간에 네가 우연히 그 애와 있었을 수도 있어. 아니면 친구에게 좀 짜증 나는 습관이 있지만 넌 한 번도 뭐라고 한 적이 없어. 그런데 참을 만큼 참다가 드디어 너도 폭발한 거지. 그만 좀 하라고!

갈등이 생기는 데는 다 이유가 있어. 친구 사이에서 꼭 있어야 할 중요한 두 가지가 빠져 있기 때문이지. 하나는 서로를 존중하는 마음, 그리고 서로에 대한 믿음. 그게 빠진 우정이라, 별로 결과가 좋을 것 같지 않지?

어떤 여자애가 내 친구를 좋아한다길래 그걸로 친구를 심하게 놀렸어.

어떤 여자애랑 따로 만나서 놀았는데, 실은 친구가 좋아하는 애야. 그래선지 기분이 별로 좋지 않아.

친구 몇몇이 담배를 피우기 시작했어. 그만두라고 말하고 싶었지만 너무 깊이 관여하고 싶지 않았어.

나랑 제일 친한 친구가 나를 따돌린다는 생각이 들어서 너무 화가 났어. 그래서 친구를 싫어하는 여자애한테 친구의 비밀을 말해 버렸어.

"나는 사실 좋은 친구가 아니었어."

친구한테 복수하려고 나쁜 소문을 퍼뜨리고 다녔어. 그런데 그 때문에 친구가 상처 받은 걸 알게 되니까 너무 후회가 돼. 내가 대체 무슨 짓을 한 거지!?

친구한테 주말에 바빠서 못 만난다고 했는데 사실 같이 어울리기 싫어서 거짓말을 한 거야. 나쁜 짓을 한 걸까?

좋은 친구가 되기 위한 방법은 많아.
하지만 나쁜 친구가 되는 방법도 아주 많다고!

골칫거리를 늘리지 마

세상에는 골칫거리가 많아. 친구를 놀리고, 따돌리고, 나쁜 소문을 퍼뜨리고, 또 친구에게 거짓말까지 하는 애들도 그런 골칫거리야. 그런 식으로 배신당하면 당연히 화가 나고 상처도 받을 거야. 하지만 너도 똑같이 복수하려고 하면 그저 골치 아픈 일만 자꾸 늘어나게 돼. 누군가에게 복수하고 싶다면 이렇게 해 봐.

1. 당장 멈춰.
네가 지금 하려는 일이 상황을 더 나쁘게 만들 것 같다면 당장 멈춰.

2. 심호흡을 해 봐.
눈을 감아. '숨을 들이쉬고'라고 생각하면서 천천히 코로 숨을 들이마셔. '숨을 내뱉고'라고 생각하면서 입으로 숨을 내쉬어. 그렇게 숨쉬기에만 집중한 채로 4~5번 반복해 봐.

3. 진지하게 생각해.
'내가 이런 행동을 하면 갈등을 해결할 수 있을까, 아니면 일을 더 심각하게 만들까?' 골치 아픈 일을 더 늘리고 싶지 않다면 하려던 일을 멈쳐. 그렇다면 친구가 너를 깔보는데 그냥 둬야 할까? 당연히 안 될 일이지!! 그렇다고 똑같이 삐딱한 것도 좋은 방법은 아니야. 복수? 말은 멋지지. 근데 사실 하나도 멋진 게 아니거든. 그럼 어떻게 해야 할까?

4. 친구와 단둘이 차분히 이야기해 봐.

둘 사이에 일어난 일에 대해 네가 어떻게 느꼈는지 솔직히 말해. 혹시 네가 사과를 해야 하는 상황이야? 그럼 얼른 사과해! 바로 지금이야.

5. 친구의 생각도 들어 봐.

네가 친구가 하려는 말에 진심으로 귀 기울이고 있다는 걸 보여 줘. 그것만으로도 친구는 너를 더 존중하게 될 거야.

6. 마음을 활짝 열어.

일어난 일에 대해 서로 솔직하게 이야기를 나누면 나중에 일어날 문제를 줄일 수 있어. 그런 시도를 하다 보면 너희가 옳은 일을 했다는 걸 알게 될 거야.

믿고 있던 친구가 날 실망시켰어.
이럴 때 어떤 느낌이 들어야 정상인 걸까?

예를 하나 들어 볼게. 너랑 친구는 컴퓨터 게임을 하면서 즐겁게 시간을 보내곤 해. 그러던 어느 날, 게임을 하다 네가 이기자 친구가 화를 내면서 네가 반칙을 했다는 거야. 그러더니 네 키보드를 집어던졌어.

이런 경우도 있어. 친구가 너에게 무례한 말을 해서 기분 나쁘다고 했더니 글쎄 오히려 너에게 화를 내면서 우정을 망치려 한다네?

두 경우 모두 직접 겪게 된다면 정말 당황스럽고 불편할 거야. 다른 사람들은 이럴 때 어떻게 행동할지 감도 안 오고. 정말 이럴 땐 어떻게 해야 하는 걸까?

누가 너에게 욕을 하거나 심한 말로 상처 주는 상황에서 침착하기란 절대 쉽지 않지. 똑같이 공격하고 싶을지도 몰라.

그런데 우리에게는 상황을 더 나은 쪽으로 만드는 능력이 있어.

"피하는 것도 방법이야!"

친구랑 같이 있는데 싸움이 날 건 같아서 친구더러 그만하라고 했어.
친구랑 싸워서 좋을 게 없잖아.

제일 친했던 친구가 나한테 진짜 기분 나쁜 메일을 보냈어.
답장은커녕 내가 화났다는 건조차 모르게 아무 반응도 안 했더니
친구가 먼저 와서 말을 걸었어.

우리 배구팀이 경기가 끝나고 상대편한테 악수를 청했는데
거부하는 거야. 그럴 땐 뭐라고 해 주는 편이었는데 그래 봤자
별로 좋을 게 없을 건 같아서 신경 안 썼어.

친구가 내 얼굴에 씹던 사과조각을 뱉었어. 진짜 화가 났지만
상대해 봤자 똑같은 수준으로 떨어질까 봐 상대도 안 했어.

친구가 갑자기 어이없는 짓을 하더라고. 얼른 자리를 피해 버렸어.

친구한테 장난을 쳤는데 친구가 불같이 화를 냈어. 나중에 친구가
왜 화가 났는지 알게 됐고 사과하고 다시는 안 그러겠다고 약속했어.
그런데 이제 걔가 나에 대해 나쁜 소문을 퍼뜨리고 다녀.
친구가 사과하기만을 바라면서 최대한 피해 다니는 중이야.

진짜친구라면 어떻게 행동할까?

체크 리스트로 알아보자.

1. 네가 실수로 한 말 때문에 친구랑 말싸움이 났어.

 ① 그냥 농담이었다고 말한다.

 ② 진심으로 사과하고 다시는 그러지 않겠다고 말한다.

 ③ 그런 일이 없었던 것처럼 행동한다.

 ④ 친구에게 자기가 왜 그랬는지 계속 변명한다.

2. 체육시간에 친구는 좋은 점수를 냈는데 너는 성적이 별로였어.

 ① "뭐, 잘하긴 했는데, 오늘 상대팀이 좀 못한 것 같지 않냐?"라고 말한다.

 ② 내가 지난번 시합에서 얼마나 잘했었는지를 자랑한다.

 ③ 화가 난 것처럼 행동한다.

 ④ 친구가 경기에서 좋은 성적을 낸 것을 축하한다.

3. 친구가 내 험담을 하고 다닌다는 말을 누군가에게 듣는다면?

 ① SNS에 이 상황을 자세하게 써서 올린다.

 ② 똑같이 험담한다.

 ③ 친구에게 절교를 선언한다.

 ④ 친구에게 가서 사실을 확인한다.

4. 친구가 나에게 자기 문제에 대해 상의하려는 순간, 카톡이 왔다면?

① 친구 말에 집중한다.

② "나중에 얘기하면 안 될까?"라고 물어보고 카톡에 응답한다.

③ 친구 말을 계속 들으면서 카톡 대화도 한다.

④ 친구 말을 먼저 들은 다음 방금 들은 이야기를 카톡방에 퍼뜨린다.

5. 몇 주 전에 친구에게 연극제 주인공 오디션에 지원하고 싶다고 말했어. 그런데 똑같은 역할에 친구가 지원하겠다고 한다면?

① 정말 신경이 쓰이는데 전혀 그렇지 않은 척한다.

② 이유를 말하지 않고 친구에게 화가 난 것처럼 행동한다.

③ 내가 진짜로 어떻게 느끼는지 친구에게 말한다.

④ 연극 오디션에 지원하는 것을 포기한다.

진짜친구라면 이렇게 할 거야.

1. ② 아무리 좋은 친구라도 가끔 말실수를 할 수 있어. 하지만 곧바로 사과하지. 그리고 다시는 같은 실수를 하지 않으려고 진심으로 노력해.

2. ④ 진짜친구라면 서로가 잘되기를 응원해. 친구가 시합에서 이겼다면 당연히 너도 기분이 좋을 거야.

3. ④ 진짜친구들은 왜 갈등이 생겼는지 알려고 해. 갈등의 원인을 찾고 해결해 나가면서 우정은 더욱 견고해지지.

4. ① 진짜친구는 서로의 이야기에 귀를 기울이고 무슨 말을 하든 집중해서 들어 줘. 그건 서로에 대한 존중의 표현이야. 그리고 서로 믿기 때문에, 함께 나눈 이야기는 다른 아이들에게 퍼뜨리지 않아.

5. ③ 진짜친구는 서로를 아껴 줘. 서로의 감정을 표현하지 않는다면 어떻게 서로를 아껴 준다는 걸 알 수 있겠니?

친구 사이에 갈등이 생기면
괜히 방어적이 되고
전부 친구 탓으로 돌리기 쉬워.

그런 생각이 문제 해결에 도움이 안 된다는 건 잘 알고 있지? 사실 네가 100퍼센트 옳고 친구가 100퍼센트 잘못한 상황은 거의 없어. 네가 싸움을 시작하지 않았을 수는 있지만 어쩌면 그 전에 네가 싸움이 나도록 문제를 제공했을 수도 있잖아. 게다가 '누가 싸움을 시작했느냐'는 중요하지 않아. 정말 중요한 건 어떻게 하면 화해를 하고 다시 좋았던 친구관계를 회복하느냐 하는 거야.

방어적인 마음이 들면 변명을 하게 돼. 네 편에서는(물론 너는 네 편일 수밖에 없지만) 네가 잘못한 일에 대해 너도 사람이니까 실수할 때도 있다고 말하겠지. 맞아, 사람은 모두 실수할 수 있어. 그래서 '미안해'라는 말이 만들어진 거야.

사과의 기술

먼저 '미안해'라고 말하는 건 쉬운 게 아니야. 어떻게 그렇게 잘 아느냐고? 너만 그런 게 아니거든. 어떤 때는 할 말이 목구멍에 걸려 안 나오는 것 같지? 실수였든 일부러 그랬든 네가 뭔가 잘못해서 친구가 상처 받거나 우정에 금이 가는 소리가 들리기 시작한다면? 그럴 땐 더더욱 사과하기 어려워. 그런데 그런 때일수록 반드시 사과해야 해. 물론 어려운 일이야. 몇 가지 요령을 알려 줄게.

1. 너한테 책임이 있다는 사실을 받아들여.

친구가 무슨 짓을 저질렀든 그것 때문에 친구에게 상처를 주는 건 절대 멋진 일이 아니야. 네가 문제를 일으킨 것 같아? 그걸 인정하는 게 첫 단계야.

2. 일단 마음을 가라앉혀.

사과를 해야 한다는 생각만으로도 스트레스를 받는다면 잠깐 숨을 돌려 봐. 농구 한 게임? 산책이나 가벼운 조깅도 좋겠지. 휴대폰 게임 한 판도 오케이! 일기 쓰기? 뭐든 좋다니까! 마음을 가라앉히고 머릿속이 맑아지도록 일단 마음을 다스려 봐.

3. 진지하게 생각해 봐. "내가 왜 그랬을까?"

잘 모르겠다고? 그럼 네가 탐정이라고 가정하고 다시 단서를 찾아보는 거야. 너를 화나고 상처 입고 질투 나게 해서 공격할 수밖에 없게 만든 그 일이 대체 뭘까?

4. 친구와 단 둘이서 이야기해 봐.

그래야 서로를 존중할 수 있어. 둘 사이의 문제에 관객이 필요한 것도 아니잖아. 보는 사람이 있어 봤자 도움이 되기는커녕 스트레스만 늘어날 거야.

5. 사과할 내용은 아주 자세하게, 구체적으로 이야기해.

"애들은 남의 험담을 왜 그렇게 좋아하는지 몰라."와 "너에 관한 헛소문을 퍼뜨리고 다녀서 정말 미안해." 중에 어떤 사과가 진심인 것 같니?

6. 진심을 다해 사과해.

진심 없이 사과할 거라면 차라리 하지 않는 편이 좋아. 게다가 그런 식으로 행동한다면 사람들은 더 이상 너를 믿지 않을 거야.

7. 사과 이후의 계획을 세워.

네가 사과를 했고 (부디 바라건대) 친구가 네 사과를 받아 주었다면, 이번 일을 계기로 어떻게 해야 다시 그런 문제가 생기지 않을지 친구와 함께 이야기를 나눠 봐.

친구 사이에 뭔가
이상한 기류가 흐르는 게 느껴진다면,

뭐라도 해!

친구를 불러내서 문제를 크게 만들라는 뜻은 아니야. 절대 그러면 안
돼! 큰 소리로 화내기 시작하면 상황이 더 나빠지기 쉬워.

대신 친구와 함께 각자의 생각을 서로 이해할 때까지 이야기를 나눠
봐. 그렇게 하는 것만으로도 서로 상대방에게 존중받는다는 걸 느낄 수
있을 거야. 그리고 상황이 생각보다 나쁘지 않다는 것도 느끼게 될 거고.

그렇게 하면 다시는 문제없이 친구관계가 술술 풀리느냐고? 물론 그렇
지는 않아. 친구관계에는 갈등이 생길 수밖에 없으니까. 그런데 사실 그
런 갈등이 해결이 불가능한 큰 문제는 아니야. 왜냐하면 진짜 단단한 우
정은 그렇게 쉽게 깨지지 않거든.

친구 사이의 문제를 빨리 해결할수록 둘 사이의 우정은 더 빨리 제자
리를 찾을 수 있어.

3.
친구에게 끌려다니기 싫어

|친구에게 휘둘리지 않는 법|

친한 친구가 이사를 갔어. 난 계속 그 애랑 친구로 지내고 싶은데 다른 친구들은 걔를 좋아하지 않아. 나한테도 친구 관계를 끊으래. 일단 생각해 보겠다고 했어. 어떡하지?
- 노리, 13살

이 코너에 온 걸 환영해. 고민 없는 애들도 스트레스를 느끼는 코너라고 할까.

노리가 완전 중간에 낀 것 같은데.

얘들아, 노리가 어떻게 하면 좋을까?

다른 친구들한테 상관 말라고 해야지. 자기들이 노리 주인도 아니고.

맞아! 근데 그러다 애들이 화를 내면?

진짜친구라면 친구에게 강요하지 않아. 그건 존중하지 않는다는 뜻이야.

'일단 생각해 보겠다'고? 왜 사실대로 말하지 않지?

그랬다간 노리까지 따돌림당할 테니까.

그럼 앤 어쩌면 좋냐?

정말 어렵다.

빨리빨리 생각해 봐!

결론을 강요하지 마!!

휴, 일단 좀 쉬고 다시 돌아올게.

누군가에게
강요당하고 압박받아 본 적이 있니?

충분히 생각하기도 전에 압박을 받으면 서둘러 뭔가를 결정하고 처리해야 할 것 같은 느낌이 들 거야. 정말 괴롭지. 하지만 강요 자체에 부담을 주고 잘못된 결정을 내리게 하려는 의도가 있는 건 아니야.

부모님이나 선생님들, 학원 선생님들을 예로 들어 볼게. 지금보다 더 어려운 수업을 듣게 하거나, 경시대회에 나가라고 권하기도 하고, 하기 싫은 반장이나 회장을 하라고 권하기도 해. 그런 종류의 압박은 너희가 여러 다양한 길로 나아갈 수 있는 기회가 될 수 있어.

처음에는 뭐가 뭔지 모르겠다가도 잘 생각해 보면 그게 기회라는 걸 알 수 있어. "그거, 좋을 것 같아요. 한번 해 볼게요." 하고 도전해 보는 거지. 친구 사이에서도 그런 일은 있을 수 있어. 네가 기분이 안 좋거나 하면 친구가 억지로라도 널 데리고 나가서 재미있게 해 주려고 하잖아. 그런 건 좋은 강요야.

그런데 머리로는 아닌데 그저 '아니'라고 말하기가 어려워서 '응'이라고 하는 건 어떨까? 그럴 땐 누가 양쪽에서 서로 자기 답이 옳으니 선택하라고 양팔을 동시에 끌어당기는 것 같지?

이런 상황을 만난 적이 있다고? 그럼 이럴 때 좋은 선택지가 별로 없다는 것도 알고 있을 거야. (내가 '응'이라고 하면 친구들한테 거짓말을 하는 게 되고, '아니'라고 하면 친구에게 비난받는 상황 말이야.)

이렇게 이러지도 저러지도 못할 친구 사이의 문제에 끼게 되면 정말 나 혼자 전쟁터에 남겨진 기분일 거야.

내가 싫다는데도 친구가 담배를 피워 보라고 계속 부추겨.

난 술을 마시고 싶지 않은데 어쩌다 그런 자리에 몇 번 끼게 됐어. 거기서는 나 빼고 모두 술을 마셔서 나도 마셔야 할 것 같은 압박을 느껴.

친구가 생일파티에 날 초대했는데 그 친구랑 싸웠어. 그 후에 날 자기 생일파티에 못 오게 하려고 이런저런 일을 꾸미더라고. 생일파티에는 가고 싶은데 걔가 그러는 건 정말 짜증 나.

"이래라저래라 하지 마!"

한 남자애가 나를 친구 이상으로 좋아하는 것 같아. 나는 사귈 생각 없다고 여러 번 말했는데도 그 애는 내 말을 전혀 진지하게 듣는 것 같지 않아.

친구랑 말만 하면 늘 싸움으로 끝나. 걘 내가 자기랑 비슷해지고 자기가 좋아하는 걸 하길 바라는 것 같아. 친구한테 내 생각을 설명하려고 노력해 봤지만 이제 더는 못 하겠어.

강요에 대처하는 4가지 요령!

1. 원인을 찾아봐.

너를 짜증 나고 신경 쓰이게 하는 게 뭔지 정확히 말로 표현해 봐. 이 문장을 완성해 봐. "누가 나에게 (   ) 하라고 강요해. 하지만 그건 옳은 일이 아닌 것 같아. 왜냐하면 나는 (   ) 하니까."

2. 하던 일을 멈추고 잠깐 쉬어.

낮잠을 자 보는 거야. 키우는 개나 고양이랑 시간을 보내는 것도 좋아. 후다닥 샤워라도 해 보면 어때? 긴장을 풀 수 있도록 좋아하는 걸 해봐. 긴장이 풀리면 몸과 마음이 차분해질 거야. 그 후에 해결책을 생각해 보는 거야.

3. 선택의 폭을 넓혀 봐.

친구가 뭔가를 강요하는데 너는 그게 하기 싫어. 그 사이에서 고문당하는 느낌이야? 그럴 땐 두 가지 입장을 글로 써 보면 도움이 돼. 각각의 장단점에 대해 솔직하게 써 내려가다 보면 어느 쪽이 옳은지 감이 올 거야.

4. 생각을 분명하게 정리해.

어느 쪽을 지지하는지 확실히 결정해. 그리고 친구들에게 말해. 그래야 나중에 혼란이 안 생겨. 네 결정이 네가 진짜 원하는 것을 반영한 거라면 네 결정에 만족할 수 있고 외부의 부정적인 압력들에도 더 잘 대처할 수 있을 거야.

너는 얼마나 많은 강요를 받고,
그 강요들에 어떻게 대처하고 있니?

1. 잘못됐다고 생각하는 일을 나에게 시키려고
   설득하는 친구가 있다.

   □ 예 / □ 아니오

2. 친구가 가진 물건을 단지 걔가 갖고 있다는 이유만으로
   사야 할 것 같은 느낌이 든 적이 있다.

   □ 예 / □ 아니오

3. 친구가 싫어한다는 이유 때문에
   옳다고 생각하는 일을 못 했던 적이 있다.

   □ 예 / □ 아니오

4. 새 친구들이 내 예전 친구를 좋아하지 않아서
   그 친구를 멀리한 적이 있다.

   □ 예 / □ 아니오

5. 압박을 느끼는 상황에서 괜찮은 척한 적이 있다.

□ 예　／　□ 아니오

6. 새로 사귄 친구들에게 잘 보이려고
옷이나 행동을 바꿔 본 적이 있다.

□ 예　／　□ 아니오

7. 다른 애들이 하니까 덩달아서 누군가를 놀려 본 적이 있다.

□ 예　／　□ 아니오

8. 좋아하던 취미활동을 친구가 그만두거나
그만두라고 해서 중단한 적이 있다.

□ 예　／　□ 아니오

'예'와 '아니오' 중 무엇이 많이 나왔니?

'아니오'가 6~8개라면 친구들의 강요가 너에게는 별로 문제가 되지 않아. 너는 너에게 중요한 게 뭔지 잘 알고 있고 삶의 우선순위를 잘 지키고 있어. 다른 친구들도 네가 그렇다는 걸 알고 있고.

'아니오'가 3~5개라면 때때로 너는 부정적인 친구들의 의견에 억지로 끌려다닐 때가 있어. 스스로에게 진실하지 못하다는 생각이 들 수도 있어. 그럴 때는 스스로에게 중요한 가치가 뭔지 되새겨 보면 좋을 거야.

'아니오'가 0~2개라면 넌 네가 원하는 걸 표현하지 못할 때가 많아. 너 자신에게 그리고 친구들에게 좀 더 솔직해져야 해. 또래들의 압력이나 강요는 네 생각만큼 너를 쉽게 휘두르지 못한다는 사실, 꼭 기억하길.

너에게 모든 사람을 즐겁게 해 줘야 할
의무 따위는 없어.

네가 할 일은 '너만의 삶'을 사는 거야. 그러면 너 자신을 긍정적으로 볼 수 있어. 너 자신을 위해 네가 중요하게 생각하는 가치가 뭔지 확실히 하는 게 좋아. 너와 네 가족이 정한 옳고 그름의 기준을 잘 생각하고 그런 다음엔 그 기준을 지켜 나가려고 노력해야 해.

때때로 사람들이 잘못된 길로 너를 등 떠밀어도 침착해야 해. 네가 무엇을 가장 중요하게 여기는지 스스로 알고 있다면 다른 사람에게 힘들여 저항할 필요도 없어. 그냥 이렇게 말하는 거야. "생각해 봤는데 내가 원하는 대로 하는 게 좋겠어." 혹은 "고맙지만 됐어. 나한테는 아닌 것 같아."

물론 무엇이 옳은지 알아도 행동으로 옮기는 게 쉽지 않을 때가 많아. 특히 친한 친구가 네게 뭔가 이상한 일을 강요한다면 더더욱 그럴 거야.

하지만 기억해.

너는 당당하게 네가 원하는 걸 큰 소리로 말할 수 있다는 걸. 네가 그렇게 하는 건 스스로를 존중하고 있다는 걸 보여 주는 증거야. 그러면 자연히 다른 친구들도 너를 존중하게 될 거야.

누가 그래?
네가 꼭 그래야만 한다고?

난 이렇게 하고 싶은데 친구는 다르게 하길 원해.

어떻게 해야 할지 갈피를 잡을 수 없을 땐 고민만 하지 말고 이 방법을 써 봐. 도움이 될 거야.

1. 이 문장을 완성해 봐.

나는 내가 (   )을 해야 한다고 생각한다.

2. 네가 어떻게 느끼는지 솔직하게 말해.

진실은 때때로 네가 무얼 가장 중요하게 여기는지 보여 줘.

멀리 이사 간 친구와 연락하지 말라는 친구들의 압박이 싫다고? 이렇게 말해 보면 어떨까?

"난 무슨 일이 있어도 내 오랜 친구들과 잘 지내고 싶어."

이 말을 들으면 친구들이 네 진심을 알게 되지 않을까?

3. 지금 너를 옥죄는 강요에 대한 네 느낌을 어떻게 표현할 수 있을까?

— 말로 표현하는 대신 입 다물고 있기?

— 전혀 괜찮지 않은데도 괜찮은 척하기?

— 진짜 원하는 게 있지만 다른 사람들과 나 자신에게도 거짓말하기?

4. 부담을 내려놔.

—가족, 학교, 친구들에 대해 네가 가장 중요하게 여기는 가치가 뭔지
　목록을 써 봐. 네가 진짜로 원하는 게 뭔지 드러날 거야.

—너를 압박하는 사람과 이야기를 해 봐. 그리고 네가 그 압박에 대해
　어떻게 느끼는지 솔직하게 말해.

— 진짜 하고 싶은 게 뭔지 생각해 보고 그 가운데서 선택해 봐.

—너와 가치관이 비슷한 사람에게 위로나 응원을 부탁해 봐.

자, 전문가님들, 친구들이 뭔가를 강요할 때 어떻게 하면 좋을까?

강요에 대처하는 법

친구가 강요하는 일이 네가 원하지 않는 일이라면 고민하는 척도 하지 마.

내가 정말 원하는지 아닌지 잘 모를 땐?

그럴 땐 시간을 들여 생각해 봐야지.

그런데 친구가 내 결정에 반대하면 어쩌지?

절교해야 하나?

친구라고 늘 동의할 필요는 없어.

하지만 반대하더라도 서로의 의견을 존중해 줘야 해.

반대할 때는 더더욱 그래야지!

음, 그래서 최종 결론은?

네가 옳다고 생각하는 일을 해!

강요 대처

지금까지 전문가들의 의견이었어.

'강요'에 대처하는 법

친구가 나한테 담배를 피워 보랬는데 내가 무서워하니까 애들 앞에서 날 놀렸어. 심각하게 고민하다가 결국 그 애한테 '네 수준으로 떨어지기 싫으니까 강요하지 마'라고 말했어.

친구가 내가 들은 비밀 얘기를 해 달라고 자꾸 졸라.
말했다간 학교 전체에 소문이 날 게 뻔해. 그럼 나한테 비밀을 말한 친구는 절대 날 용서 안 할 거야. 그래서 입도 뻥끗 안 했어.

술을 자주 마시는 친구가 있었어. 나도 마시게 하고 싶어 안달이었는데, 진짜친구라면 자기 친구가 싫다는데 술을 마시라고 강요하지 않겠지? 그래서 계속 이런 식으로 할 거면 연락하지 말라고 했어.

네가 뭔가를 진짜 하기 싫다면 할 필요 없어.
아무도 너한테 강요할 권리는 없어. 혹시 그러다 친구를 잃게 될까 걱정이 되겠지만 그런 친구는 이미 친구도 아니야.
그런 애들한테는 이렇게 물어봐. '내가 왜 그런 일을 해야 하는데?', '내가 하기 싫어하는 거 모르겠어?' 효과가 있을 거야.

산 요가 자세를 배워 봐

이 자세는 마치 산처럼 고요하고 강하게 마음의 중심을 잡을 수 있게 해 줄 거야. 요가가 처음이라고? 걱정 마. 이건 왕초보를 위한 자세니까.

1. 신발과 양말을 모두 벗고 바닥에 맨발로 서.

2. 양발을 15~20센티미터 정도 벌려 나란히 놓아.

3. 양팔은 자연스럽게 허벅지 옆에 떨어뜨려 놓고
   팔꿈치, 손목, 손가락의 긴장을 풀어.

4. 어깨를 앞쪽으로 숙였다가 뒤로 젖혀.
   이때 가슴뼈를 들어 올리면서 가슴을 활짝 펴.

5. 꼬리뼈(척추의 가장 아래 뼈)가 아래쪽으로 내려간다는
   느낌으로 꼬리뼈에 힘을 줘.

6. 뒷목이 쭉 펴지도록 턱을 살짝 아래로 당겨.

7. 발의 앞쪽으로 1.5미터 되는 바닥의 한 지점을 찾아
   시선을 가만히 그곳에 둬.

8. 척추부터 머리끝까지 하나의 직선 위에 놓여 있다고 상상해.

9. 천천히 고르게 코로 숨을 들이쉬고 내쉬어.

10. 이대로 서 있으면서 자신이 산이라고 상상해 봐.
    네가 소중하다고 생각하는 가치들이 널 더욱 단단하게
    만들어 주고 있다고 상상해.
    폭풍은 어디서든 불어올 수 있지만 산은 언제나 높고
    흔들림 없이 그 자리에 서 있을 거야.

가끔, 친한 친구들도
서로에게 뭔가를 강요할 거야,
그다지 좋지 않은 방법으로.

그런 일이 일어났다고 해서 꼭 그 친구를 다시는 믿지 말아야 한다거나 친구관계를 끝내야 하는 건 아니야. 만약 친구가 잘못된 일을 하도록 강요하고 그래서 네가 불편하다고 느끼면 일단 네 감정을 솔직하게 말해보는 거야. 물론 그게 말처럼 쉬운 건 아니지. 하지만 진짜친구라면 네가 무슨 말을 하는지 이해할 거야.

네가 정직하게, 진솔하게 말하면 결과는 좋을 거야. 첫째는 네가 너다운 것에 기분이 좋아질 거고, 둘째는 친구들이 좀 더 좋은 쪽으로 생각을 바꾸도록 자극을 줄 수도 있어.

친구들을 설득하지 못했더라도 괜찮아. 스스로를 믿고 지지하는 것만으로도 너는 친구들에게 존중받을 수 있으니까.

영화 〈파인딩 포레스터〉

길거리 농구를 즐기는 고등학생 자말 월러스와 친구들은 동네 아파
트에 사는 이상한 남자에게 흥미가 생겨. 자말은 어느 날 밤 그의
아파트에 몰래 침입하지만 실수로 가방을 놓고 나와. 그리고 그 베
일의 주인공 포레스터는 가방 속에서 평범함을 뛰어넘는 자말의 글
들을 발견하지. 다음 날, 가방을 찾기 위해 아파트를 찾은 자말을 위
해 포레스터는 지난 수년 간 한 번도 열지 않았던 자신의 세계에 자
말을 받아들여. 세상을 등진 남자와 세상으로 나오려는 소년의 우정
은 문학에 대한 열정과 서로의 상처를 치유하는 소통의 과정을 통
해 더 단단해져. 아픔을 치유하는 수단인 소통은 행복한 미래를 꿈
꾸는 모든 이들에게 전하는 가장 중요한 메시지야.

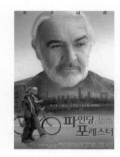

책 『나란 놈, 너란 녀석』 김국태 외 지음

집 밖에서 만나는 첫 인간관계인 친구관계에서 십 대들이 용기 있게
대처하도록 길잡이가 되어 주는 책이야. 십 대들과 매일매일 마주치
는 7명의 현직 교사들이 22가지 주제로 저마다 개성 있는 목소리를
내는 책이지. 동네 아이들에게 테러(?)를 당했던 어린 시절 이야기나
3년 전 졸업한 제자들로부터 전해 들은 왕따 극복기 같은 실제 경험
담이 흥미롭게 전개돼. 그리고 소설이나 시, 고전, 영화에 나타난 다
양한 친구관계의 모습과 어려움을 극복하는 방법까지 알려 주는 실
제적인 책이야.

4.

친구가 너무 걱정돼

| 곤경에 빠진 친구 도와주는 법 |

통 먹지를 않네.
맨날 운동만 하고.

카톡
카톡

미셸, 너 괜찮아?

어? 응. 마테오,
혹시 말하기 곤란한 문제가
있는 친구 없었어?

우리 아빠 경찰이잖아.
도와주실 수 있을 것 같아
말씀드리려 했는데 도저히 못
하겠더라고. 그 친구는 점점 더
심각해졌고.

있었어.
가게에서 자주 물건을 훔치던
애였는데, 내가 그만두라고
했는데도 계속 훔치더라고.

저런.

난 어쩌면
좋지?

친구에게
문제가 생긴 것 같다고?

그때가 바로 친구들의 도움이 절실한 때야. 친구의 문제를 완전히 해결해 줄 수 없다면 친구와 이야기를 나누는 것만으로도 중요한 사실을 깨닫게 할 수 있어. 바로 혼자가 아니라는 사실.

네 친구에게 어떤 문제가 있다고 가정해 보자. 그런데 친구가 너한테 아무 말도 하지 않아. 그런데다 그 친구는 자기한테 아무 문제가 없다고 생각하고 있어. 네 생각엔 확실히 문제가 있는데 말이야. 그거야말로 너한테는 정말 큰 문제일 거야.

네 도움을 원하지 않는(혹은 도움 따위 필요 없다고 말하는) 사람을 돕는 건 상당히 어려운 일이야. 네가 친구를 도와줬다는 이유로 그 친구가 화를 낸다면 어떻게 해야 할까?

"진짜 친구라면 이럴 때 어떻게 할까?"

나랑 제일 친한 친구가 담배를 피우는 여자애랑 어울리기 시작하더니 이젠 그 녀석도 매일 담배를 피워. 내가 뭐라 말만 하면 친구는 화를 내면서 욕하고. 다른 애들은 그냥 내버려두라고 하는데 난 못 그러겠어.

친구 한 명이 새로 전학 온 여자애를 너무 좋아해. 우리는 전학생이 내 친구 흄을 보고 다니는 증거까지 보여 줬는데도 우리가 걔를 잘 몰라서 그런 거라며 우리 말을 도통 안 들어. 어떻게 하면 친구가 상처 입지 않게 도울 수 있을까?

친구네 부모님은 늘 친구에게 세 살짜리 동생을 돌보게 하셔. 걘 자기 시간이 전혀 없어. 친구네 부모님도 도움이 필요하시겠지만 가끔은 친구도 밖에 나가 바람을 쐬면 안 되는 걸까? 돕고 싶은데 방법을 모르겠어.

친구가 자기 몸에 상처를 내기 시작했어. 무슨 문제가 있느냐고 물어도 그냥 자긴 아무 문제도 없고 완전 정상이래. 몸에다 상처를 내는데 괜찮다니, 난 정말 걱정돼 미치겠어.

이런 문제로 고민하는 게 나 혼자만은 아니네.
넌 어때?

가끔 친구들은 자기가 진짜로 원하는 거랑
다르게 말할 때가 있어.

뭔가 이건 좀 아니라는 느낌이 든다면 그건 바로 행동을 취해야 한다
는 확실한 신호야. 네가 문제에 대해 말을 꺼내면 친구가 싫어할 수도
있어. 그렇다고 대화도 해 보지 않는다면 너 역시 마음이 편하지 않을
거야.

계속 아무 일 없는 척 있다 보면 정말로 친구가 도움이 필요할 때 아무
것도 해 주지 못할지도 몰라.

"도울 방법은 있어!"

친구가 방과 후 활동을 관둬서 무슨 일이냐고 물었더니 처음에는 싫어하는 눈치였는데 계속 이것저것 물어보니까 친구도 기분 나빠 하지 않는 것 같아. 오늘은 나한테 신경 써 줘서 고맙다고 하던걸.

최근에 친구 부모님이 이혼하셔서 친구가 엄청 스트레스를 받았어. 난 친구 얘기를 들어 주기만 했어. 그것만으로도 친구의 스트레스가 좀 사라지는 것 같았어.

친구가 나한테 자살하고 싶다고 했을 때, 바로 친구 부모님을 찾아가서 말했어. 그 일 이후로 그 친구는 계속 나를 못 본 척했는데 오늘은 나한테 와서 무슨 일이 나기 전에 그렇게 해 줘서 고맙다고 울먹였어.

제일 친한 친구 손목에 상처가 있는 걸 발견했어. 너무 놀라서 엄마한테 말씀드리려고 했지만 친구는 아무한테도 말하기 싫다는 거야. 뭐라고 하면 친구가 또 그런 짓을 할까 봐 너무 겁이 났지만 내가 비밀로 하고 있으면 친구는 또 그러겠지? 그래서 상담 선생님께 말씀드려서 상담을 받을 수 있게 도왔어.

너라면 어떻게 친구를 도와줄래?

친구의 건강이 위험할 정도라면, 뭔가 행동을 취해야 해. 몇 가지 방법을 알려 줄게.

1. 곰곰이 생각해 봐.

네 친구의 문제를 풀기 위해 네 선에서 뭘 해 줄 수 있을지 진지하게 고민해 봐.

2. 네 한계를 인정해.

심각한 문제가 있는 친구라면 의사나 상담 선생님의 도움을 받는 게 좋아. 친구의 고민을 들어 주고 지지해 주는 것도 좋지만 문제가 심각한 친구라면 전문가의 도움을 받게 하는 게 중요해.

3. 믿을 수 있는 어른과 이야기를 나눠 봐.

친구가 네 말을 듣지 않는다면 바로 어른에게 알려야 해. 아무리 비밀로 하라고 해도 반드시 믿을 만한 어른들께 말씀드려. 아니면 믿을 만한 청소년 상담소를 검색해서 연락해 보는 것도 좋아. 중요한 건, 무슨 일을 하든 혼자서만 해결하려고 해선 안 된다는 거야.

친구를 돕기 위해 뭔가를 하면,
친구가 바로 고마워할 수도 있어.
물론 화를 내면서 계속 토라져 있을 수도 있지.

친구를 위해 애를 쓰는데도 친구가 네 노력을 몰라줄 때도 있어. 그래도 넌 여전히 좋은 일을 하고 있는 거야. 그렇지만 친구가 너한테 말도 안 붙이기 시작하면 네가 제대로 하고 있는 건가 싶고 불안한 생각이 들겠지.

하지만 잘 기억해 둬. 네가 염려하고 걱정하는 누군가를 위해 무언가를 한다는 건, 그 행동만으로 큰 의미가 있다는 걸.

5.
난 친구로서 존중받을
가치가 있어

| 불편한 친구 대처법 |

나 재한테 말할 거 있는데. 이것 좀 들고 있어. 오키?

어….

그러지 뭐.

모니크, 나 너한테 뭐 물어볼 거 있는데….

아오, 제길. 벌써 3시 20분이잖아! 얼른 집에 가 봐야겠다. 이따 봐.

집 반대쪽으로 가면서 왜 집으로 간다고 하지?

텅!

어쩌면 이런 건
생각조차 안 해 봤을지 몰라.

친구관계에 문제가 생겼다면 너와 네 친구 모두에게 똑같이 책임이 있어. 그리고 친구 사이가 한쪽으로 치우치는 느낌이 든다면 일단 문제가 있는 거야.

네가 무시당하는 쪽이라면 먼저 그 사실을 인정하는 게 문제를 푸는 데 도움이 될 거야. 그리고 친구에게 사실대로 말해. 아무 말도 하지 않거나 그런 취급을 받아도 된다고 걔네들이 생각하게끔 두지 말고. 사실은 괜찮지 않잖아.

"괜찮은 척해 버렸어."

이런 '척'하는 거, 난 이미 졸업했어.
그런데 안 그런 친구들도 많더라. 얘기 좀 들어 볼까?

친구랑 있는데 개가 다른 친구들 흉을 보는 거야. 전혀 괜찮지 않았는데 그냥 아무 말도 안 했어. 그때 그 애가 그런 소릴 못 하게 막지 못한 게 너무 부끄러워.

가끔 친구들 의견이랑 다를 때가 있어. 그럴 때 그냥 포기하고 문제 일으키기 싫어서 친구들이 하자는 대로 해. 친구들이 나한테 화내는 게 싫거든.

내 친구들은 누가 '멍청한' 짓을 하면 '병신'이라고 놀려. 진짜 기분이 별로였는데 그냥 괜찮은 척했어.

언젠가부터 친구들이 나를 따돌리는 것 같아. 기분이 나쁜데도 친구들에게 버림받지 않으려고 애쓰는 중이야.

친구가 내 숙제를 베꼈어. 안 보여 주면 계속 돌라 대면서 귀찮게 할 테니까 그냥 보여 줬어. 내가 그랬다는 사실에 화가 나고, 또 다른 애가 내가 친구에게 보여 준 숙제를 베끼는 걸 보니까 정말 미치도록 화가 나!

가끔 애들이 나한테 술이나 담배를 어떻게 생각하는지 물어보면 상관없다고 말해. 근데 사실 전혀 상관없지 않아. 내 생각을 제대로 말하지 못할 때는 정말 기분이 별로인데도 내 진짜 생각을 못 말하겠어.

자기 가치에 맞는 대접받기

자주 네 마음을 불편하게 만드는 친구가 있어? 그 친구는 네가 뭐라고 말하기 전에는 그런 행동을 멈추지 않을 거야. 의견을 말하는 게 쉬운 일은 아니지만 친구관계를 지키기 위해서는 해야만 해. 아래 항목들을 잘 기억해 둬.

1. 잊지 마. 네 친구들이 독심술사는 아니야.

네가 무슨 생각을 하는지 뭘 원하는지 친구들이 저절로 알 수는 없어. 네가 어떻게 느끼는지 친구들이 알 수 있게 표현하는 게 중요해.

2. 가만히 있지 말고 네 생각을 잘 정리해.

친구 말에 동의할 수 없는데 가만히 있거나, 뭔가 불편한데도 말을 안하면 친구들은 네가 동의하거나 문제가 없다고 오해할 수도 있어.

3. 문제를 해결하려는 시도를 해 봤는지 생각해 봐.

친구관계를 개선하려고 어떤 노력들을 해 봤는지 기억을 더듬어 봐. 효과가 좋은 것도 나쁜 것도 있었지?

4. 계속 머리를 굴려 봐.

문제를 해결할 방법을 끊임없이 생각해 보는 거야. 예를 들어, 친구랑 만날 때 너만 돈을 낸다면? 이제부터는 네 몫만 내겠다고 말해 보는 건 어때?

5. 누군가에게 말해.

머릿속이 꽉 막혀 답이 안 나온다고? 그럼 '문제와 관련이 없는' 믿을 만한 사람에게 털어 놔. 새로운 시각으로 문제를 보면 새로운 해답이 나올 수 있어.

나 아직 공원에서 기다리는 중. 어디야?

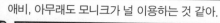

애비, 아무래도 모니크가 널 이용하는 것 같아.

말도 안 돼. 걔가 왜 그러겠냐?

그야 모니크니까.

아무래도 걔 못 믿겠어.

너 상처 받을까 봐 그래.

으~~~~ 너희들 지금 나 질투하는 거지? 내가 모니크랑 친하니까!!

재네 말이 맞으면 어떡하지…?

아주 친하다고 생각해 왔던 친구가
정말 친구가 맞는지 의심이 들기 시작한다면
그 의심 자체로 너는 상처를 받을 거야.

친구의 진심이 궁금하다면 네가 느끼는 감정에 귀를 기울여 봐. 충분히 그럴 만한 가치가 있는 일이야. 누군가 어떤 행동을 할 때 왜 그러는지 우린 사실 잘 모를 수도 있어. 하지만 어떤 행동이나 말을 들었을 때 '이건 좀 아닌 것 같은데'라는 생각이 든다면 그 느낌을 그냥 지나치지 마. 뭔가 잘못되고 있다고 느껴진다면 자신과 주변 상황을 돌아볼 필요가 있어.

"어떻게 된 일이지?"

친구가 자꾸 나를 모임에서 빠지게 하고서 내가 못 알아들었다고 억지를 부려. 모두가 싫어하는 바보 역할을 하는 데 지쳐 버렸어.

나를 절친이라 말하는 친구가 있는데 그 애랑 있으면 나만 돈을 쓰게 돼. 이건 아니잖아!

친구가 전화로 자기가 왜 화가 났는지 말해 주겠다고 약속해 놓고 지킨 적이 없어. 최소한 네 번은 거짓말을 한 건 같아.

내가 어떤 남자애를 좋아하는 걸 알게 되면서 내 절친이 달라졌어. 예전에는 듣기 좋은 말을 해 줬는데 요즘엔 "야, 꿈 깨. 걔 나빌 너 싫어해." 이런 소리만 하거든. 그래서 내가 진짜 심하게 화를 냈고 그 이후로 걔랑 멀어졌어. 세상에서 둘도 없는 친구라고 생각했는데.

제일 친했던 친구가 학교에서 잘 나가는 애들이랑 어울리더니 나랑 멀어졌어. 지금은 겨우 통화만 하는데 그것도 물어볼 게 있을 때만 전화하는 거 있지.

이럴 때, 너라면 어떻게 할래?

1. 친구가, 화날 때마다 너에게 푼다면?
① 친구를 더 화나게 하고 싶지 않아서 그냥 참는다.
② 참을 만큼 참았으니 이제 그만두라고 진심으로 말한다.

2. 친구가 너랑 한 약속을 약속 시간 직전에 자꾸 취소한다면?
① 그냥 괜찮은 척한다.
② 친구에게 더 이상 그러지 말라고 말한다.

3. 네가 정말로 싫어하는 어떤 행동을 친구들이 하고 있다면?
① 꺼 달라고 한다.
② "난 빼 줘. 이번엔 너희끼리 해."라고 말한다.

4. 친구들이 만나면 늘 컴퓨터 게임을 하는데 넌 점점 그 놀이가 지겨
   워지기 시작한다면?
① 내키지 않지만 똑같은 게임을 계속한다.
② 다른 걸 해 보자고 친구들에게 제안한다.

5. 너와 친한 두 친구가 말도 안 되는 걸로 싸운다면?

① 양쪽 친구들 의견에 다 동의하며 너에게 불똥이 튀지 않도록 한다.

② '중립'을 선언하고 싸움에 끼지 않는다.

6. 친구가 자꾸 네 숙제를 베끼는데 그게 점점 짜증이 난다면?

① 그냥 계속 베끼도록 해 준다.

② 이제 베끼는 건 그만하라고 말한다.

7. 친구들이 너를 따돌려 놓고 네가 못 알아들어 그런 거라며 너를 계속 탓한다면?

① (너를 끼워 준다는 전제하에) 계속 그 '절친'들과 어울린다.

② 가능한 한 빨리 더 좋은 친구를 찾기 시작한다.

8. 친구가 늘 돈을 빌려 가서는 갚지 않는다면?

① 내키지 않아도 계속 돈을 빌려 준다.

② "난 현금 인출기가 아니야."라고 당당하게 말한다.

9. 이전에 가장 친했던 친구가 너에 관한 나쁜 소문을 퍼뜨리고 다닌
   다면?

① 그 친구에 관한 더 나쁜 소문을 만들어 퍼뜨린다.

② 소문을 낸 친구를 직접 찾아가 왜 그런 소문을 냈는지 이유를 파악한다.

10. 친구와 매주 목요일에 조깅을 하자고 약속했어. 그런데 딱 한 번
    하고서 친구가 자기는 못 하겠다며 너에게도 관두라고 한다면?

① 같이 그만둔다.

② 자신과의 약속을 지키기 위해 계속 조깅을 한다.

결과가 어떻게 나왔니?

②번을 7~10개 선택했다면 너는 친구들에게 자신을 솔직히 보여 주고 있어. 정직을 중요하게 생각하고 있고. 그리고 다른 친구들 역시 너를 정직한 친구라고 생각할 거야. 정말 잘하고 있어!

②번을 3~6개 선택했다면 친구들이 너에게 듣기 불편한 말을 해도 그냥 넘기고 있어. 하지만 앞에서 잘 배웠지? 너 스스로 네가 원하는 선택을 하는 만큼 네 자신감은 점점 더 강해질 거야.

②번을 0~2개 선택했다면 친구들에게 네 솔직한 느낌을 말하려면 큰 용기가 필요할 거야. 다음에 또 그런 상황이 오면 잠시 생각을 멈추고 숨을 크게 들이마셔. 그리고 몸을 꼿꼿하게 세워 보는 거야. 그것만으로도 너는 네 생각보다 훨씬 강한 아이라는 걸 느끼게 될 거야.

어젠 무슨 일 있었어? 다시 온다더니
오지도 않고 문자에 답도 없고.

문자했었어?

겨우 10번밖에
안 했어.

앗! 몰랐어.
아 맞다,
전원이 꺼졌어.

진짜야, 맹세할 수 있어!

여보세요?

잠깐만.

잭한테
나 좋아하냐고
물어봐 줄래?

그런 걸
물어보라고? 으…

안 물어보겠다는
뜻이야?

그게 나랑 친하게
지낸 이유니?
잭한테 접근하려고?

아니야!
그냥 네가 착하니까.

'착하니까'가 네가 나를 이용해도 좋다는
뜻이라면 이제부턴 안 착할래.

그래.
내가 직접
물어보지 뭐.

그러시던지.

사람들 앞에서
자신의 생각을 당당하게 표현하는 건
생각만으로도 떨릴 수 있어.

특히 친구는 리더십이 있어서 늘 이끄는 편이고 넌 거기에 따라가는 편이라면 더 그럴 거야. 그럼에도 뭔가 변화가 필요하다고 느낀다면 어떤 친구들과 어울리고 싶은지 '네가' 결정해야 해. 만일 친구 사이에 균형이 깨졌다고 느껴지면 너를 더 존중해 주는 친구를 찾아 나서. 다른 사람의 허락 따윈 필요 없어.

그럴 수 있는 힘과 권리는 오롯이 너에게 있다는 걸 기억해.

"너 자신을 위해 옳은 일을 해 보는 거야!"

뭔가 잘못됐다고 느껴지면 주변 상황을 돌아보게 돼.
마음에 내키지 않는 일은 역시 안 하는 게 좋아.
그렇게 내 주관을 세워 가다 보니 점점 더 괜찮은 애들과
어울리게 되는 건 같아.

친구들이 나를 좋아하게 하려고 거짓말을 자주 해. 그걸 덮으려고
또 다른 거짓말을 지어 내고. 그래서 요즘에는 아침마다 이렇게
중얼거려. "다른 애들의 생각이 뭐가 그리 중요해?" 효과가 있는 건 같아.

나쁜 친구들한테 잘 보이려고 거짓말을 할 필요가 있을까?
난 아니라고 생각해. 엄마는 나답게 행동하지 않으면
결과도 진짜가 아닌 게 나온다고 말씀하셨어.

친구가 하는 행동 때문에 짜증 났지만 말한 적은 없었어.
하지만 더는 괜찮은 척하기 싫어졌어.
그래서 이젠 문제가 있으면 당당하게 말하려고 노력해.

친구가 너를 대하는 방식에 지쳤다면 뭔가 변화를 줘야 할 때야!

1. 문제를 정확하게 파악해.

너를 화나게 하는 친구의 행동이 정확히 뭔지 글로 적어 봐.

나는 친구가 (   ) 할 때 무시당하는 느낌이 든다.

2. 친구의 행동에 어떤 느낌이 드니?

상처 받고, 화나고, 이용당하고, 무시당하는 느낌 등등 많을 거야. 1번에 쓴 행동을 친구가 네게 한다면 그중에 어떤 감정이 느껴지니?

3. 친구의 부당한 행동을 왜 참고 있는지 스스로에게 물어봐.

걔네가 네 친구라서? 글쎄, 진짜친구라면 무시하지 않아. 어쩌면 그 애들은 진짜 네 편이 아닐지도 몰라.

4. 단도직입적으로 맞서는 거야.

너를 무시한 친구와 단둘이 만나서 솔직하게 말하는 거야. "이런 식으로 행동하는 거 그만둬. 안 그러면 더 이상 너랑 친구가 될 수 없을 것 같아." 어때? 쉽지? 아니라고? 하지만 꼭 필요한 과정이야.

5. 늘 조심해야 돼.

몸에 밴 습관은 나도 모르게 불쑥 튀어나와. 너 자신이나 친구들 사이에서 또 이전과 같은 상황이 생길 것 같으면 그냥 넘기지 마. 똑같은 문제가 일어날 수 있어.

6. 너 자신의 가치를 생각해.

친구들이 너를 계속 무시하고 막 대한다면 그땐 절교하는 것도 방법이야. 네가 네 자신을 존중하는 게 다른 사람으로부터 존중받을 수 있는 첫 번째 단계야.

영화 〈굿 윌 헌팅〉

세상에 나오기를 두려워하는 친구가 있니? 그 친구에게 어떻게 다 가가야 할지 고민이 된다면, 세상을 부정하는 천재 소년을 세상 속 으로 나오게 한 우정 이야기를 추천할게.

윌은 MIT 공대에서 교실 바닥 청소 일을 할 때 말곤 대학교 정문 근 처에도 가 본 적이 없지만, 노벨상 수상 교수들조차 풀지 못한 수학 문제들을 간단하게 풀어 버리는 천재야. 이를 알게 된 MIT 공대 교 수 램보는 윌의 폭력 전과를 무마하는 조건으로 자신과 수학 연구 를 할 것과 정신과 의사에게 심리 치료를 받을 것을 제안해. 윌은 정 신과 의사를 조롱하며 의도적으로 상담을 거부하지. 그러자 램보는 마지막으로 자신의 친구인 심리학 교수 숀에게 윌을 부탁해.

윌이 숀과 처음 만나던 날, 윌은 숀의 상처를 들추어내 힘들게 하지. 숀은 이런 윌의 모습을 보고 윌에게 부족한 것이 타인의 사랑이고 그 때문에 마음의 장애를 겪고 있다는 사실을 간파해.

〈굿 윌 헌팅〉은 사랑을 받아 본 적이 없어 사랑을 할 줄도 모르는 한 소년이 또 다른 아픔을 간직한 중년의 교수와 진실한 대화를 해 나 가면서 마음의 상처를 치유하고, 세상을 긍정하게 되는 이야기를 담 고 있어. 숀 교수의 깊은 상처 역시 조금씩 회복되어 가지. 진심 어 린 우정은 이렇게 사람을 변화시키는 힘이 있어. 우리도 이런 멋진 친구가 될 수 있도록 다 같이 파이팅!

6.
그 아이도 나를 좋아할까?

|짝사랑 감별법|

한두 번쯤 짝사랑해 본 적 있지?
음, 누굴 좋아해 본 적이 없다고?
그럴 수도 있고.

어쩌면 누가 널 좋아하는지 알고 있는데 넌 그 애를 좋아하지 않을 수도 있어. 이런 건 흔한 일이야. 언제든 좋아하는 감정은 생겨날 수 있어. 그리고 언제 그랬냐는 듯 그 감정이 휙- 하고 사라질 수도 있고.

너도 누가 누굴 좋아하네 마네, 하는 얘기들을 카톡으로 주고받지 않니? 어쩌면 너를 좋아하는 애가 있는데 그게 진심인지 아닌지 알아내려 하고 있지는 않아?

나한테 잘해 주는 여자애가 있는데 어느 날 보니 모든 사람한테 잘해 두더라고. 그러지 말아 줬으면 좋겠어.

친한 남자애가 있는데 걔도 나랑 사귈 마음이 있는지 궁금해. 어떤 땐 날 좋아하는 건 같다가 또 어떤 날은 서먹서먹하게 굴어.

내 친구랑 헤어진 남자애가 나한테 데이트를 하자고 했어. 너무 좋아서 만났는데 그날 바로 날 차 버린 거 있지. 난 아직도 그 남자애가 좋아. 그런데 걘 왜 나한테 데이트 신청을 한 거지? 내 친구한테 타인 화풀이로?

"내 짝사랑도 날 좋아할까?"

오빠의 친구가 너무 좋아. 근데 그 오빠는 나를 여동생으로만 생각해. 난 진지한데…. 어떻게 하면 오빠가 날 좋아하게 만들 수 있을까?

단짝처럼 붙어 다니던 남자애가 점점 좋아지기 시작했어. 걘 나를 친한 친구로만 생각하는 건 같은데 같이 있으면 정말 재미있고 좋아. 어쩌면 걔도 나를 좋아하고 있을까?

나도 정말 궁금해!!

날 보는 눈빛,
그 애도 날 좋아한다는 뜻일까?

사람들은 저마다 감정을 표현하는 방법이 달라.

보통은 말로 드러나지만, 행동이나 분위기에서 '신호'를 읽어 낼 수도 있어. 그게 어떤 신호냐고?

1. 네 짝사랑이 너를 좋아한다는 '느낌'이 오니?

눈이 자주 마주쳐? 널 보고 미소 짓고 있니? 네가 농담하면 크게 웃어 주고, 널 웃겨 주려고 노력해?

2. 부탁하지도 않았는데 그 애가 널 위해 뭔가를 해 주니?

소소한 친절이 반복된다면 그 사람이 너를 '특별하게' 여길 가능성이 있어.

3. 그 애가 자주 네 옆에 있으려고 하니?

네가 서 있는 쪽으로 다가온다거나 네 옆에 앉으려고 자리를 바꾸지는 않니?

4. 그 애가 너에 대해 궁금해하고 이것저것 물어보니?

개인적인 것도 물어봐? 네 말을 집중해서 듣고 나중에 그 말을 기억하고 다시 얘기해 주기도 해?

5. 다른 애들과는 다른 방식으로 너에게만 특별하게 대해 주니?

만약 다른 애를 좋아하거나 사귀고 있다면 널 특별하게 대해 주진 못하겠지.

이 다섯 가지 질문에 3개 이상의 '예'가 나왔다면 네 짝사랑도 너한테 관심이 있을 가능성이 높아! 어쩌면 그 애도 너를 몰래 짝사랑하고 있을지도 몰라.

'아니'가 더 많다면 너만의 짝사랑일 확률이 높아지네. 하지만 또 모르지. 그 애가 감정을 완벽하게 감추는 데 선수일지도.

어떤 친구들은
이성 친구 사귀는 일에 아주 관심이 많아.
안 그런 친구들도 있지만.

부모님께 이성 친구에 대해 얘기해 본다면?

너희 부모님은 네가 이성 친구와 만나는 걸 괜찮다고 해 주실지도 몰라. 네가 아직 어리다는 생각에 반대하실지도 모르고. 학교 행사에서 이성 친구를 만나거나 여럿이 함께 어울리는 건 괜찮아도 그 이상은 안 된다고 하시는 분도 계실걸. 어떤 결론이 나든 부모님과 대화를 나누는 건 좋은 방법이야.

네가 처한 상황이 어떻든 간에 이건 꼭 기억해야 돼. 어떤 압박이나 의무감, 강요가 네 이성 친구 문제를 좌지우지하도록 내버려 두면 안 된다는 거. 네가 스스로 누군가를 만날 준비를 하고 성급하지 않게 차분히 결정할 수 있으면 좋겠어.

"고백할까? 말까?"

1년 전, 좋아하던 애랑 사귈 뻔했다가 잘 안 됐어.
그 후로 그 앤 날 그냥 친구처럼 대해. 혹시 다시 사귈 생각이 있는지
궁금해. 어떻게 해야 거절당하지 않고 다시 내 마음을 전할 수 있을까?

날 좋아하는 여자애가 있어. 나도 사귀자고 하고 싶은데
걔 앞에만 서면 몸이 굳고 말이 안 나와.

진짜 좋아하는 남자애가 있는데 사귀기 전에 좀 더 친하게 지내면서
서로를 알아 가자는 거야. 당근 좋다고 했지. 그런데 그 애가 너무
바빠서 만날 시간이 없어. 대체 날 어떻게 생각하는 건지도 모르겠어.
내가 먼저 사귀자고 해도 될까?

내가 여자애들 말을 잘 들어 주는 편이라 여자애들이 나랑
어울리는 걸 좋아해. 그런데 이게 지금은 방해가 되는 건 같아.
정말 좋아하는 여자애가 생겨서 고백하고 싶은데 그냥 지금처럼
친구로 지내자고 할까 봐 고백을 못 하겠어.

설령 네가 이성 친구를 사귈 준비가 되었더라도,
언제 어떻게 고백을 할지는 정말 어려운 문제야.

고백할까, 말까 고민된다면
8개의 조언이 도움이 될 거야!

지금 짝사랑에게 고백을 할지 말지 고민 중이라면 행동에 옮기기 전에
이 8가지 조언을 읽어 봐. 모두 네 상황에 꼭 들어맞진 않겠지만 결정에
도움이 될 거야.

1. 누군가와 사귈 준비가 됐니?

확실하진 않아도 아직 그럴 준비가 되지 않았다고 느껴진다면 아마도
네 느낌이 맞을 거야. 반대로, 데이트를 하거나 누군가와 사귈 준비가
되었다고 느낀다면 부모님이나 집에 계신 어른들께 말씀드리는 게 좋
아. 마마보이나 하는 일이라고? 아니야. 이건 가족과 소통하는 성숙한
방법이야.

2. 너희 둘은 서로에 대해 잘 알고 있니?

상대방이 어떻게 느끼는지 잘 모르겠다면 아직 네 짝사랑 상대에 대해
충분히 알고 있는 게 아닐지도 몰라. 사귀자고 하기 전에 앞에서 말한
'날 보는 눈빛, 그 애도 날 좋아한다는 뜻일까?'를 다시 읽어 봐.

3. 우선 친구로 시작해 보는 건 어때?

서로 친해지려면 시간이 필요해. 그런 시간을 통해 그 친구와 만나는 게 정말로 즐거운지 알 수 있을 거야.

4. 지금의 우정은 어떻게 될까?

너와 짝사랑이 이미 친한 친구 사이라면 정말 잘된 일이야. 하지만 네 짝사랑이 너를 이성으로 느끼고 있지 않다면 고백 후에 두 사람의 우정에 금이 갈지도 몰라. 이 부분에 대해서도 고민이 필요해.

5. 상대가 네 고백을 거절한다면?

고백에는 '거절'당할 수 있는 가능성이 포함되어 있어. 그게 인생이지. 거절당해도 꼭 고백하고 싶다면 해야겠지. 그전에 그럴 가치가 있는지 잘 생각해 보자.

6. 주변 사람들은 뭐라고 할까?

데이트를 시작하면 주변 친구들이 너에 대해 이런저런 말을 할지도 몰라. 물론 안 그럴지도 모르지만. 혹시 그렇다면 그런 소문을 들었을 때 네 기분이 어떨지 진지하게 생각해 보는 것도 도움이 될 거야.

7. 이성적인 판단이 가능하니?

보통 짝사랑을 하게 되면 생각의 균형이 깨지고 이상한 행동을 하기 시작해. 늘 신중하게 판단하고 나중에 후회할 말이나 행동은 하지 않도록 조심해.

8. 이 감정이 계속 지속될까?

누군가를 좋아하는 감정은 그 자체로 정말 흥분되는 일이야. 하지만 좋아하는 감정이 빨리 온 것처럼 빨리 사라져 버릴 수도 있어. 그건 짝사랑의 자연스러운 모습이기도 해. 그러니 감정에 휘둘리지 말고 차분해질 필요가 있어. 어렵겠지만….

내가 좋아하는 사람들이
무조건 나를 좋아해 준다면 얼마나 좋을까.

그러면 좋겠지만 상대방은 다른 감정일 수도 있어. 아예 아무 감정 없을지도 모르고.

짝사랑이라는 감정은 대개는 '일시적인' 감정이야. 그렇지만 네가 한창 누굴 좋아하는 중인데 그 사람이 네 감정을 받아 주지 않는다면 상처를 받을 거야. 어쩌면 큰 상처가 될지도 모르고.

"짝사랑은 어려워!"

좋아하는 남자애가 내 친구를 좋아하는 게 확실해. 나한테 내 친구 전화번호, 이메일 두노를 물어봤거든. 나둥에 보니 둘이 같이 집에 가더라. 그게 내 친구 탓은 아니지만 아무튼 난 상처 받았어.

몇 달 전에 여자애한테 고백했는데 그 앤 너무 덤덤해서 사이가 어색해졌어. 좋아하는 내 감정을 멈추게 하거나 아니면 그 애도 날 좋아하게 만드는 방법은 없을까?

내 짝사랑이 다른 여자애랑 다니는 걸 보면 미칠 것 같아. 친구로라도 곁에 있고 싶지만 그 애가 다른 애를 좋아한다는 사실이 너무 괴로워.

내가 좋아하는 남자애도 날 좋아한다고 생각했어. 근데 내 친구한테 나랑 사귀고 싶은 마음이 절대 안 든다고 했대. 너무해!

친구들이 짝사랑하는 애한테 고백하라는데 거절당할까 봐 겁이 났어. 근데 친구 한 명이 그 애한테 나랑 데이트할 거냐고 물어본 거야. 내가 원하지도 않는데! 결국 대답은 싫어, 였어. 정말 창피해 죽겠어!

고백에 실패하고도 살아남는 법

내가 좋아하는 애가 나를 좋아해 주지 않으면 정말 가슴 아프지. 그럴 때 이 말들을 잘 기억해 두었다가 되새겨 봐.

1. 많은 사람 중 한 사람일 뿐이야.

주위에 너의 진가를 알아봐 주는 사람들이 많아. 증거를 대 보라고? 널 진심으로 걱정하고 아끼는 사람들의 이름을 적어 봐. 생각보다 많을 거야.

2. 널 탓하지 마.

누가 네 고백을 거절했다면 너희 두 사람이 어울리지 않는 것뿐이야. 너를 탓할 필요 없어. 정말로 너에게 '꼭 맞는' 누군가가 나타난다면 너만큼이나 함께 시간을 보내고 싶어 할 거야.

3. 숨을 깊이 쉬어 봐.

기분이 가라앉을 때는 심호흡을 해 봐. 코로 숨을 깊이 들이마시고 입으로 내쉬면서 호흡에 집중해. 하다 보면 기분이 한결 나아질 거야.

4. 응원군을 찾아봐.

진짜 친구들이라면 너를 도와줄 거야. 어쩌면 비슷한 경험이 있어서 적절한 조언을 해 줄 수도 있겠지. 친구들과 어울리다 보면 그 사람에 대한 생각은 옅어지고 네가 평소 좋아하던 일들을 하다 보면 다시 일상으로 돌아올 수 있어.

5. 서두르지 마.

다음에 또 다른 누군가를 좋아하게 되면, 데이트 신청을 하거나 사귀자고 하기 전에 일단 친구로 서로를 알아 가 봐. 시간을 들여 관계를 탄탄하게 만들어 나간다면 분명 서로를 더 잘 믿을 수 있고 존중할 수 있을 거야.

이럴 땐 진짜 어떡하지?

1. 좋아하는 애가 네 친구와 데이트를 했다면?

① 그냥 잊어버린다.

② (사실 안 그런데도) 이미 짝사랑이 식은 척한다.

③ 짝사랑한테 네 감정을 솔직하게 고백한다.

④ 다른 사람을 좋아하는 척해서 짝사랑의 질투심을 유발한다.

⑤ 짝사랑과 친구 사이를 갈라놓으려 한다.

2. 절친의 전 애인을 좋아하게 됐다면?

① 친구에게 그 애와 만나도 좋을지 물어본다.

② 믿을 만한 사람에게 조언을 구한다.

③ 절친에게 새로운 이성 친구가 생기도록 노력한다.

④ 절친의 전 애인에게 몰래 고백한다.

⑤ 친구에게 상처 주고 싶지 않아서 좋아하는 마음을 억지로 포기한다.

3. 친구랑 같은 애를 좋아하고 있다면?

① 그 애의 관심을 끌기 위해 더 자주 접근한다.

② 평소대로 행동하면서 그 애가 누굴 더 좋아하는지 지켜본다.

③ 짝사랑보다는 우정이 더 중요하다. 과감하게 짝사랑을 포기한다.

④ 친구가 그 애와 잘될 수 있도록 좋아하지 않는 것처럼 행동한다.

⑤ 그 애에게 친구의 험담을 늘어놓는다.

4. 친구들은 자꾸 짝사랑에게 고백하라고 부추기는데 엄마는 네가 이 성 친구 사귀는 걸 분명 반대하실 것 같다면?

① 친구들의 압박에 대해 엄마에게 솔직하게 말씀드린다.

② 시간을 충분히 갖고 이 상황에 대해 생각해 본다.

③ 일단 좋아하는 상대방에게 더 나은 친구가 될 수 있도록 최선을 다한다.

④ 친구들에게 그만 부추기라고 얘기한다.

⑤ 부모님 몰래 짝사랑에게 고백하고 사귀기 시작한다.

5. 절친이 이성 교제를 시작해서 더 이상 너와 시간을 보내기 힘들 것 같다면?

① 속마음은 그렇지 않지만 괜찮은 척한다.

② 애인이 없는 다른 친구들과 어울린다.

③ 친구 커플이 헤어지도록 친구의 이성 친구에 관한 나쁜 소문을 퍼뜨리고 다닌다.

④ 절친과 의논해서 둘이 함께 보낼 수 있는 시간을 만들어 본다.

⑤ 절친에게 화를 내면서 이유는 말하지 않는다.

진짜 친구라면, 이렇게 할 거야.

1. ① 그냥 잊어버리고 넘기는 건 절대 쉬운 일이 아니야. 하지만 우정과 네 자존감을 지키는 아주 좋은 방법이지.

2. ① 친구의 생각을 묻는 게 우선이야. 친구의 전 애인은 괜찮다고 할지 모르지만 네 친구는 네가 자신의 전 애인과 다니는 걸 보면 화가 날지도 몰라. ② 누군가에게 조언을 구하는 건 언제나 가장 똑똑하고 좋은 방법이지.

3. 이럴 땐 ②번이나 ③번이 좋을 것 같아. 일단 너와 네 친구가 어떻게 할지가 중요해. 우선 친구와 솔직하게 이야기를 나눠 보는 건 어떨까?

4. ①, ②, ③, ④ 모두 좋아. 네 가지 전부 네 자존감과 가치를 지킬 수 있는 좋은 방법이야. ⑤번 같은 경우는, 집에서 반드시 따라야 하는 규칙을 어기면 보통은 골치 아픈 일밖에 안 생겨.

5. ②번과 ④번을 같이할 수 있다면 정말 좋을 거야. 그러면 다른 친구들과 시간을 보낼 기회도 생기고, 네 자존감과 절친 모두를 지켜 낼 수 있을 거야.

친구들이나 주변 애들이 이성 친구를
사귀기 시작하면 마치 너도 꼭 누군가를
사귀어야 할 것 같은 부담이 느껴질 수도 있어.

하지만 꼭 그럴 필요는 없어. 그럼에도 이성 교제를 시작한다면 이성 친구와의 관계가 완벽하게 흘러갈 거라 생각하지 않는 게 좋을 거야. 왜 냐고? 원래 모든 인간관계는 좋을 때가 있으면 나쁠 때도 있는 법이니까. 누군가를 알아 가는 과정은 쉽지 않을 수 있어. 특히 상대의 반응이 네가 기대한 것과 다를 때는 더더욱.

결론을 말하면, 이거야.

누군가와 사귈 때, 네가 신중하게 생각하고 결론 내린 대로 행동하고 네가 중요하다고 생각하는 가치를 지켜 나가. 그러면 네 삶은 좋은 방향으로 흘러가게 될 거야.

영화 〈플립〉

소년과 소녀의 좌충우돌 첫사랑 이야기를 담은 영화를 소개하려고 해. 집 건너편에 이사 온 브라이스를 보고 첫눈에 사랑을 직감한 7살 줄리. 그 후로 줄리는 브라이스에게 끊임없이 마음을 표현하지만, 브라이스는 마을의 큰 나무가 잘리는 걸 막기 위해 시위를 하는 등 남다른 행동을 하는 줄리의 모습이 이상할 뿐이야. 그런 줄리를 요리조리 피해 다니기를 6년. 어느 날, 브라이스는 줄리가 정성 들여 키운 닭이 낳은 계란을 선물받고 바로 쓰레기통에 버리는 모습을 줄리에게 들키고 말아. 브라이스는 화가 난 줄리에게 미안함을 느끼고 자꾸 신경을 쓰게 돼. 철없는 브라이스에 비해, 가난하지만 화목한 가정 속에서 현명하게 살아가는 마음이 예쁜 줄리. 브라이스는 그런 소녀를 보며 자기도 모르게 그 모습에 물들어 가. 진심을 발견해 나가는 두 친구의 이야기가 예쁘게 그려진 영화야.

책 『어쩌다 중학생 같은 걸 하고 있을까』

쿠로노 신이치 글 | 장은선 옮김

이 책의 주인공은 중1 스미레야. 자칭 성실하고 착한 중학생 스미레는 지금 최악의 인생을 살고 있지. 중학교에 들어가면서부터 공부도, 친구 사귀는 일도 너무 힘들거든. 중학교와 초등학교는 왜 이렇게 다른 걸까? 겨우 1년 차이인데! 1학년은 어찌어찌 버텼지만, 친구 하나 없이 시작한 중학교 2학년…. 어른 놀이 해 대는 날라리 그룹에 끼고 싶지도, 범생이로 살고 싶지도 않아. 이 책은 소심한 열네 살 소녀가 중학교 교실에서 세상을 경험하고 그 안에서 성장하는 이야기를 담은 소설이야.

7.
사랑과 우정 사이

| 복잡한 이성 문제 해결법 |

진짜 친구는
친구가 즐거워할 만한 활동을 하거나
새 친구를 만나게 되면 함께 좋아해 줘.

하지만 새로운 활동이나 사람이 친구의 시간을 많이 뺏어 간다면 너와 친구 사이에 새로운 문제가 생겨나겠지. 감정이 격해지면, 서로에 대한 믿음이 흔들릴 수 있어. 이런 시간을 겪으면 많은 인내심과 이해가 필요하게 될 거고 어쩌면 두 사람의 우정이 진짜인가 의심이 들 수도 있어.

만약 친구가 너를 소홀히 대한다고 느껴지면 친구와 그 문제에 대해 이야기를 나눠 봐.

대신 꼭 솔직해야 해!!

괜찮은 척하는 건 아무 도움이 안 돼. 친구 대신 다른 사람과 시간을 보내는 게 즐겁지 않다면 그런 이야기를 솔직하게 친구에게 털어 놔. 두 사람의 관계를 회복하는 데 도움이 될 거야.

잊지 마, 제일 도움이 안 되는 행동은 바로 서로에게 솔직하지 않은 태도야!

> 절친이랑 나는 각자 방과 후 수업에서 내 친구들을 사귀게 됐어. 근데 요즘 절친이 나를 무시하고 모르는 척하는 거야. 왜 그러냐고 물으면 별거 아닌 듯 얘기해. 이러고도 우리가 친구일까.

> 전학 온 여자애가 내 단짝과 친해졌어. 친구는 그 애랑 공통점이 많아서라고 하는데 둘이 만나려고 나한테 거짓말까지 해서 다퉜어. 정말 화가 나!

"정말 어려워!"

> 친구랑 많은 시간을 같이 보냈었는데 친구한테 남자 친구가 생긴 후론 얼굴도 못 볼 지경이야. 친하게 지내면서 같이 만들었던 우리만의 추억들이 모두 없어진 건 같아.

> 친구의 여자 친구는 늘 문제를 만들어서 친구에게 화를 내. 그리고 그 여자애를 만나기 시작하면서 친구는 다른 애들 만날 시간도 없다니까. 문제는 친구가 그 여자애와 있을 때 놀아 보이지 않는다는 거야. 친구를 구제해 두고 싶어.

친구 사이의 문제는 정말 보통 일이 아니야.

거짓 약속들

진짜 친구는 지킬 마음이 있는 약속만 해. 그런데 우리는 습관적으로 거짓 약속을 하고 후회를 해. 거짓 약속은 상대에게 상처를 입히고 스스로에게도 큰 상처를 입히지.

어떻게 하면 솔직하게 마음을 표현할 수 있을까? 거짓 약속을 하지 않을 수 있는 몇 가지 방법을 알려 줄게.

1. 네 '감정'을 잘 들여다봐.

죄책감이 느껴지고, 부담되거나 스트레스가 느껴진다면 그건 네가 지키지도 않을 약속을 하려는 순간일 수도 있어. 그런 감정이 감지된다면 거짓 약속을 남발하기 전에 멈추도록 해.

2. 네 '생각'을 잘 들여다봐.

'이 상황에서 어떻게 빠져나가지?', '나중에 문제가 생기면 어쩌지?' 같은 걱정을 지금 하고 있다면 끝내지도 못할 일에 동의하며 끌려가고 있다는 신호일 수 있어.

3. 심호흡을 크게 해 봐.

그러면 차분해지면서 네가 중요하게 생각하는 것들이 다시 분명해질 거야.

4. 사실대로 말해.

넌 누군가의 부탁에 '알았어'라고 말하는 것만이 착한 행동이라고 생각할지도 몰라. 하지만 지키지도 못할 약속을 하는 것보다 정중하게 거절하는 게 상대를 더 존중하는 행동이야.

5. 신중하게 결정하고 싶다면 생각할 시간이 필요하다고 말해.

하지만 오래 생각한다고 해서 늘 좋은 결론이 나는 건 아니야. 정말 시간이 필요할 때만 생각할 시간이 더 필요하다고 말해.

진짜 약속일까, 거짓 약속일까?

1. 한 친구가 네 생일파티에 꼭 초대해 달라고 졸라.
   그런데 초대할 수 있는 사람 수가 꽉 찬 상황.
   조르는 걸 그만두게 하려고
   "알았어. 일단 너도 초대할게."라는 말로 약속했어.

   □ 진짜 / □ 거짓

2. 친구가 자기 사촌을 만나러 가자며 계속 귀찮게 굴어.
   계속 이런저런 핑계를 대며 거절했는데
   사실 넌 그 사촌이 싫어. 친구는 화를 내며
   이번에는 꼭 같이 가자고 하고 넌 '마지못해'
   그러겠다고 약속해.

   □ 진짜 / □ 거짓

3. 제일 친한 친구가 너에게 MP3 플레이어를 빌려 줬어.
   가지고 가서 부모님께 보여 드리고
   이런 걸 사 달라고 할 참이야.
   넌 친구에게 내일 다시 돌려주겠다고 약속해.

   □ 진짜 / □ 거짓

4. 요즘 들어 친구가 너랑 같이 다니기 싫어하는 것 같아.
   용기를 내서 친구에게 전화를 걸었는데 친구가 받자마자
   "5분 있다가 다시 전화할게."라고 말한다면?

   □ 진짜 / □ 거짓

5. 친구에게 할아버지가 일본에서 사다 주신
   멋진 가면을 내일 가져와서 보여 주겠다고 약속했어.
   그런데 그만 깜빡하고 말았네.

   □ 진짜 / □ 거짓

진짜 약속과 거짓 약속을 구분하는 건 어려워.
그 차이를 정확히 알려 주는 족집게 비법은 없지만
몇 가지 힌트만 있다면 구분이 좀 더 쉬워질 거야.

1. 이건 아무래도 가짜 약속일 거야. 왜냐하면 시간이 지나도 네가 그 애를 초대할 상황이 안 되잖아. 이럴 때는 솔직한 게 최선이야.
2. 이건 정말 어려운데. 마지못해 억지로 약속을 한 거니까. 내 생각엔 이런 경우에는 가기 싫은 이유를 좀 더 분명하게 밝히는 게 좋겠어.
3. 친구가 아주 특별한 부탁을 들어준다는 건, 네가 한 약속을 진심으로 믿어 준다는 뜻이야. 친구가 너를 많이 신뢰하고 있으니 너 역시 바로 친구의 MP3 플레이어를 돌려줄 것 같아.
4. 최근 친구의 행동을 보면, 바로 전화해 주겠다는 약속은 가짜일 가능성이 높아 보여.
5. 너는 진짜 보여 주겠다고 약속했을 거야. 우리는 때때로 실수를 하지. 그럴 땐 바로 사과를 해야 해. 자, 또 까먹기 전에 얼른 가방에 가면을 넣어 두는 게 어때?

친구 사이에 일이 꼬이면
그 문제로 한참 동안
네가 괴롭힘을 당하고 있는 것처럼 느껴질 거야.

예를 들면 친구가 같이 뭔가를 하자고 해 놓고 갑자기 너를 빼놓는다든지, 네가 좋아하는 애한테 더 이상 집적거리지 않겠다고 약속하고선 계속 그런 행동을 할 때도 그럴 거야.

상황에 따라서는 친구 때문에 짜증이 난다고 말할 수 있는 그럴 듯한 이유가 있겠지. 하지만 갈등에는 언제나 두 가지 입장이 존재해. 자, 좀 더 솔직하게 말해 보자. 친구의 잘못도 있지만 그런 일이 일어나도록 내버려 둔 자신에게 화가 나지는 않니?

친구관계의 균형이 깨졌을 때 가장 중요한 건 네 감정과 기분이 나아질 수 있도록 뭔가를 하는 거야.

"나 보고 어쩌라고!"

모임에서 친구와 나는 나란히 앉고 또 다른 여자애가 내 옆에 앉았어.
그 애가 나한테 하도 친한 척을 해서 끝날 때까지 내 친구랑
한마디도 못 했어. 아니나 다를까 친구가 완전 삐쳐 버렸지 뭐야.

내가 유도 노란 띠를 땄는데, 남자 친구가 비웃는 거야.
화가 나서 정식으로 대련 신청을 했더니 우습게 보고 대충 하는
남자 친구를 온갖 기술로 바닥에 내동댕이쳐 버렸지.
그 이후론 굽실거리더라. 걔의 이런 말과 행동이 정말 짜증 나.

여자 친구를 좋아하지만 내 친구들과도 시간을 보내고 싶어.
그래서 헤어지려고도 해 봤는데 여자 친구가 막 화를 내니까
나도 마음이 안 좋더라고. 좋게 헤어지고 싶은데 방법을 모르겠어.

친한 친구들이 내가 사귀는 애를 좋아하지 않아. 물론 남자 친구랑
싸울 때도 있지만 늘 그런 건 아닌데 친구들은 헤어지라고 해.
난 정말 괴로운데 모두 나한테 화만 내고 있어.

지금 네 감정에 귀 기울여 봐

자동문에 달려 있는 동작 탐지기는 네가 문에 가까이 다가가면 그걸 '감지'하고서 열려. 친구관계에서도 마찬가지야. 네 감정의 변화를 잘 '감지'해야 돼. 그렇게 네 감정을 알아챌 때 친구관계가 더 좋아질 수 있어. 어떻게 해야 하는지 알려 줄게.

1. 감정의 '변화'를 알아채야 돼.
네 감정은 '괜찮음'에서 '화남' 혹은 '슬픔'으로 갑자기 변할 수 있어. 그런데 이 변화는 집중하지 않으면 그냥 지나치기 십상이야. 감정이 변하는 데는 다 이유가 있으니 그 순간을 그냥 넘기지 말길.

2. 지금, 하고 있는 모든 걸 멈춰 봐.
하던 걸 멈추고 지금 네 감정에 집중하도록 해.

3. 지금 네 감정이 정확히 어떤지 알아내려고 해.
최대한 정확히 알아야 해. 예를 들면 '그냥 화나!'인 거야? 아니면 '굉장히 화나고 상황이 복잡한데다 관련된 문제도 많아서 짜증 난' 거야?

4. 무엇 때문에 지금처럼 화가 났는지 생각해 봐.

누가 한 말이나 행동 때문이니? 새로 사귄 친구랑 잘 안 맞는 거야?

5. 다른 선택도 가능하다는 걸 기억해.

어떻게 하면 지금의 문제를 해결할 수 있을까? 네 상황과 기분이 나아
질 수 있는 여러 가지 방법들을 생각해 봐.

너의 권리를 말한다!

지금 네 고민이 이성 교제 문제 때문이라면, 아래 글을 잘 기억해 둬.

1. 너는 안전할 권리가 있어.

누구와 있든 네가 육체적, 정서적으로 안전하다고 느끼는 건 아주 중요해. 만약 그렇게 느껴지지 않으면 당장 그 상황에서 빠져나와!

2. 너는 존중받을 권리가 있어.

너는 네 생각과 감정을 표현할 수 있어야 해. 그리고 상대방은 네 말에 귀 기울이고 너 자체를 존중해 줘야 해.

3. 너는 너만의 시간을 누릴 권리가 있어.

너는 네가 좋아하는 일을 하며 시간을 보낼 수 있어. 친구와 어울려 놀든 가족과 보내든, 혹은 혼자서 뭔가를 하는 것이든 넌 네 시간을 자유롭게 쓸 수 있어.

4. 너에게는 네 몸에 대한 권리가 있어.

너는 육체적으로 어떤 식으로든 억압이나 강제를 느껴서는 안 돼. 누군가가 안거나 키스하거나 혹은 다른 어떤 신체적 접촉을 하려 할 때 너는 하지 말라고 말할 수 있어. 그건 너의 권리야.

5. 너는 네가 원하지 않는 관계를 끊을 권리가 있어.

이유가 뭐든 상관없어. 누군가에 대해 느끼는 감정을 꼭 정당화할 필요는 없어. 네가 원하지 않고 불쾌하고 불편하다면 관계를 정리하는 것도 용기 있는 행동이야. 다만 네 감정에 대해 정확하게 알고 있어야겠지.

친구랑 멀어지거나, 애인과 헤어지는
모든 관계의 끝은
누구에게도 즐거운 일이 아니야.

너는 누군가와 시간을 보내고 싶은데 상대방은 그렇지 않다면 많이 비참한 기분이 들겠지. 특히 네가 아직 그 사람을 좋아한다면. 반대로 네가 누군가에게 관계를 끝내자고 말해야 하는 상황 역시 어렵긴 마찬가지야.

왜냐고? 사람은 다른 사람을 염려하고 걱정하는 본능이 있으니까. 사실 그건 타인의 불행을 보면 슬퍼지게 만드는 뇌의 한 부분이 작동해서 그래. 안 좋은 소식을 들었을 때나 슬픈 소식을 전해야 할 때 역시 뭔가 불편해지지? 그것 역시 그 부위에서 하는 일이고.

"모든 이별은 힘들어."

전 남친을 잊으려고 노력하는데 그럴수록 더 보고 싶어.
지금까지 이렇게 가슴 아팠던 적은 없었어.

남자 친구가 헤어지자고 하기 전날 우리는 영화를 보러 갔어.
즐거웠는데 그런 소릴 하다니 이유를 모르겠어. 난 걔랑 사귀면서
친구들이랑 다 멀어졌는데, 이젠 같이 밥 먹을 친구도 없어.

여자 친구가 실수를 해서 헤어졌다가 바로 다음 날 계속 전화로
사과해서 다시 사귀기로 했어. 그런데 얼마 전에 내가
실수를 좀 했더니 당장 헤어지자고 하는 거야. 너무하는 거 아님?

여친이 카톡으로 헤어지재! 우리가 대화를 하지 않아서라는데,
절대 아니야. 자기가 친구들이랑 노느라 계속 날 바람맞혔으면서!

남자 친구가 나에 대한 소문을 들었다면서 나랑 헤어지재.
소문이 뭐냐니까 절대 말을 안 해 줘!

여자 친구가 성적이 너무 나빠져서 나랑 헤어져야겠대. 부모님이 거는
기대가 크대. 나는 그게 우리가 헤어져야 하는 이유인지 모르겠어.

심하게 상처 주지 않고 헤어지는 요령

모두가 기분 좋게 관계를 끝낼 수 있는 비법은 없지만, 어떤 방법들은 확실히 상처를 덜 입히면서 서로 존중하며 끝낼 수 있도록 도와줘. 제일 중요한 건, 네가 사귀는 사람과 직접 만나서 말하는 거야. 다른 사람 일이 아니잖아. 아래 5가지 방법을 꼭 기억해.

1. 헤어지는 이유를 네가 정확히 알고 있어야 해.

함께 있으면 왠지 불편해서 부담스럽니? 상대에 대한 마음이 변했어? 아니면 친구들과 더 많은 시간을 보내고 싶은 거야? 이유가 뭐든, 상대에게 말하기 전에 이유를 확실히 해 둬.

2. 뭐라고 말할지 미리 생각해.

말을 꺼내기 전에, 지금 하려는 말을 그 목소리와 그 분위기로 하면 듣는 사람이 어떨지 한번 생각해 봐.

3. 상대를 상처 주려는 말이나 행동은 하지 마.

네 전 애인이 어떤 나쁜 짓을 했든(혹은 했다고 네가 생각하고 있든) 너에게 그렇게 치사한 짓을 할 권리는 없어.

4. 네 감정에 대해 이야기해.

그 친구가 아무리 너한테 잘해 준 게 없어 헤어지는 거라고 해도, 지금 네가 헤어지는 건 그러고 싶은 네 마음 때문이야. 다른 사람의 말이나 행동 때문이 아니라. 그러니 네 감정을 솔직하게 얘기해.

5. 강해져야 돼.

상대에게 상처 주기 싫어서 원치 않는 관계를 계속 유지하는 건 상대방을 속이는 것과 같아. 그건 너 자신이나 상대를 존중하는 게 아니야. 마음을 강하게 하고 좋은 방향으로 결론을 맺길.

"헤어지는 게 모두 나쁜 건 아니야."

정말 좋아하던 친구랑 헤어진 지 1년이 지났어.
그동안 그 친구에 대한 감정을 정리하면서 나 자신을 많이
돌아보게 된 것 같아. 나 자신이 정말 기특해.

1년 정도 사귄 여자애가 있는데 서로 좋게 말하고 헤어졌어.
지금은 아주 좋은 친구로 지내고 있어.

제일 친했던 남자애랑 사귀기로 했어. 왕 실수였지!
서로 솔직하게 대화를 나눈 후에 우린 친구로 지내는 게 훨씬 좋겠다고
결론 내렸어. 그렇게 말하고 나니 우정이 더 단단해진 것 같아.

이사 오기 전에 여자 친구랑 헤어졌어. 멀리 떨어져 사귀는 게
힘들 거라며 여자 친구도 그게 좋겠다고 동의했어.

우린 서로 잘 안 맞아서 헤어졌어.
처음엔 어색했지만 지금은 아주 좋은 친구로 지내고 있어.
헤어지기로 한 결정은 정말 잘한 것 같아.

이성 교제는
전혀 생각지도 못했던 도전과제를
던져 줄 수도 있어.

네가 진짜로 원하는 게 뭔지, 과연 네가 준비가 된 건지, 친구와 시간을 보낼지 애인과 보낼지 고민하는 것까지 과제는 많고도 많아. 많은 사람을 기쁘게 해 주려고 노력하고, 그러면서도 네가 제대로 하고 있는 건지 고민하는 것도 큰 과제지.

그리고 관계가 끝난다면 그 시기가 언제든 힘들 거고 마음에 상처도 입게 될 거야. 하지만 시간이 흐르고 마음이 정리되면 전 남친 혹은 여친과 편안한 친구가 될 수도 있어.

물론 굉장히 힘들겠지만 잘 맞지 않는 관계를 억지로 이어 가다가 네 마음을 해치는 것보다는 헤어지는 편이 나아.

그리고 언제나 명심할 건, 남들이 뭐라 하든 너 자신에게 늘 솔직할 것, 그리고 네가 중요하다고 생각하는 가치를 지켜 나갈 것. 알았지?

영화 〈그 시절, 우리가 좋아했던 소녀〉

이제 막 17살이 된 커징텅과 친구들의 유일한 공통점은 최고의 모범생 션자이를 좋아한다는 것! 어느 날, 커징텅은 교실에서 사고를 친 덕분에 션자이에게 특별 감시를 받게 되고 이를 계기로 모범생과 문제아 사이의 거리가 점점 좁혀지는 듯 해. 하지만 마음과 달리 둘 사이는 자꾸만 어긋나고, 친구들은 션자이의 사랑을 얻기 위해 거침없이 마음을 표현해. 커징텅도 힘들게 고백을 하지만 션자이는 아무 대답이 없지. 그리고 둘은 15년 후 다시 만나게 되는데…. 32살이 된 커징텅이 17살 어린 자신에게 보내는 고백을 통해 풋풋하고 서툴지만 진심 어린 마음이 오가는 모습을 볼 수 있을 거야.

책 『친구가 되기 5분 전』 시게마츠 기요시 지음 | 양억관 옮김

열 개의 짧은 이야기를 모아 놓은 소설이야. 이 이야기들을 한데로 모으는 중심인물은 교통사고로 다리를 절게 된 이즈미 에미. 이즈미의 초등학교 시절 이야기로 시작하는 이 소설은 성장이라는 시간의 흐름을 타고 점차 주변 인물들로 시점이 옮겨 가는 독특한 형식을 띠고 있어. 몸이 아파 일 년에 반 이상은 병원 신세를 져야 하는 유카, 세상에 없는 단짝이면서도 라이벌인 후미와 모토, 친구들의 관심을 얻기 위해 늘 우스운 행동을 일삼는 호타, 후배들보다 잘하는 게 없다는 열등감에 시달리는 사토 등 한 번쯤 같은 반이었을 것 같은 친근한 인물들은 에미를 중심으로 자신들의 이야기를 솔직히 털어놓지. 친구관계에서 오는 상처와 아픔들을 치유해 가는 이야기는 우리의 모습을 보는 것처럼 공감이 가고 위로를 줄 거야.

8.
난 친구가 필요해

|편견 없이 친구 사귀는 법|

우린 때로 너무 성급한 판단을 내릴 때가 있어.
사실이 아닐지도 모르는 정보를
아주 일부만 보거나 듣고서 말이야.

때때로 다른 사람에 대해 너무 섣부른 결론을 내리기 때문에 자신이 그런 편견을 가지고 있는지조차 모를 때도 있어. 어떤 애가 네가 본 적 없는 특이한 표지의 잡지를 읽고 있다면, 그것만으로도 그 애에 대한 어떤 편견이 생길지도 몰라. 아니면 새로 전학 온 여자애가 체육시간에 농구를 아주 잘한다면 곧바로 그 애는 운동 잘하는 애로 각인될 거야. 우린 종종 실제로 누군가와 이야기를 나눠 보지도 않고 그 사람에 대해 여러 가지 추측을 하곤 해.

이렇게 성급하게 판단하는 게 정당한 걸까? 물론 아니야. 우리는 누군가를 보고 느낌으로 그 사람을 단정해서 '이럴 거'라고 생각해 버려. 그리고는 멋대로 이렇게 판단하지.

"쟤 진짜 찌질이 같다. 쟤랑은 엮이면 안 되겠어."

"저 여자애 완전 괜찮은데? 어떡하면 친해질 수 있을까."

그런데 그거 알고 있니? 우리가 다른 애들을 잘 모르면서 보이는 대로 판단하는 것처럼 상대방도 우리를 보고 그렇게 하고 있다는 거.

학교에 특이하게 말하는
남자애가 있어. 그냥 좀 이상한
애라고 생각했는데 어느 날 대화를
해 보니 청력에 문제가 있는 거더라고.
그리고 정말로 괜찮은 애였어.
우린 바로 친구가 됐어.

우리 학년에 굉장히 키가 작은
남자애가 있어. 2~3학년 정도
월반한 어린애인 줄 알았는데
알고 보니 동갑에 나랑 공통점도 많았어.
처음에 멋대로 생각한 게
너무 미안하더라.

모두가 '나쁜 녀석'이라고 부르는
애가 있는데 알고 봤더니 표현력이
좀 부족해서 그렇지 정말 착하고
세심한 애더라.
우린 지금 아주 친한 친구가 됐는데
다른 애들도 그 애의 좋은 면을
알아봐 줬으면 좋겠어.

한 여자애가 한껏
멋을 내고 다녀서 잘난 척하길
좋아하는 애라고 생각했어.
그런데 말을 해 보니까 전혀 그런 애가
아니었어. 한마디도 안 나눠 보고
그런 판단을 했던 내가
너무 바보같이 느껴졌어.

"편견과 선입견을
날려 줘!"

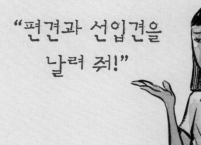

성급한 판단, 어디까지 해 봤니?

1. 전학생이 처음 보는 낯선 스타일의 옷을 입고 왔다.
   좀 이상한 애라고 생각한다.　　　　□ 예　／　□ 아니오

2. 어떤 여자애의 엄마가 최고급 외제차를 타고 다닌다고 한다.
   그 여자애는 분명 부자일 것이다.　　□ 예　／　□ 아니오

3. 같은 반 어떤 애가 클래식 음악을 좋아하는 걸
   알게 됐다. 그 애는 분명 똑똑할 것이다.　□ 예　／　□ 아니오

4. 어떤 애가 사막에 사는 왕독거미를 키운다고
   말하는 걸 들었다. 거짓말이 분명하다.　　□ 예　／　□ 아니오

5. 같은 학년에 정말 키가 큰 애가 있는데 애들은
   걔가 3년이나 유급을 당해서 그렇다고 말한다.
   그 애는 머리가 나쁘거나 문제아일 것이다.　□ 예　／　□ 아니오

6. 진짜 예쁜 여자애를 보면 너무 인기가 많아서
   나 같은 애는 쳐다보지도 않을 거라 생각한다.　□ 예　／　□ 아니오

7. 새 친구와 가까워지던 중에 그 애가 취미로 코스프레를
   한다는 말을 들었다. 좀 이상한 취미라는 생각에
   더 이상 가까이 지내지 않기로 결심한다. □ 예 / □ 아니오

결과가 어떻게 나왔니?

5~7개의 '예'를 선택했다면 성급한 판단을 내리는 게 습관처럼 굳어진 상태
야. 그 습관이 네가 사람을 정확히 보는 걸 방해하고 있어.

2~4개의 '예'를 선택했다면 가끔씩 성급한 판단 때문에 사람을 제대로 보지
못할 때도 있어. 하지만 네 판단이 틀릴 수도 있다는 걸 알아 가는 중이야.

0~1개의 '예'를 선택했다면 넌 섣불리 사람을 판단하지 않으려고 노력하고 있
고, 열린 마음과 공정한 눈으로 사람을 보고 있어. 네 주위엔 다양한 유형의 친
구들이 많을 거야.

혹시 친구가 좀 적다거나
진실한 친구가 더 필요하다고 느낀 적이 있니?

그런 생각을 하는 건 너뿐만이 아니야.

아무리 인기가 많은 사람이라도 누구나 지금보다 더 많은(혹은 더 좋은) 친구가 있었으면 좋겠다고 생각해.

친하게 지내는 애들은 많지만 정말 믿을 만한 친한 친구가 없는 것 같아? 아니면 잘 어울리던 아이들이 알고 보니 별로 좋은 애들이 아니었던 경우도 있을 테고. 그렇지?

현실을 인정하자. 우정을 이어 가는 건 쉽지 않아. 많은 수고와 노력이 필요하지. 친구관계가 나아지길 바라고 있다면 어떤 방향으로 바뀌길 바라는지 생각하는 것부터가 시작이야.

"이럴 땐 새 친구가 필요해!"

친구들한테 불편한 부분을 얘기해도 친구들은 절대 미안하다는 말을
안 해. 짜증 나서 이런 애들이랑은 안 어울리고 싶지 않지만
다른 친구가 없어.

퇴근에 친구가 연락을 안 하길래 다른 친구들과 어울릴 시간이
필요한가 보다 하고 이해했어. 그런데 아예 날 따돌리는 거야.
왜 그러냐고 물어보니까 그냥 그게 커 나가는 과정이래.
난 지금 친자매를 잃은 건 같은 기분이야.

아빠가 군인이셔서 난 계속 이사를 다녀야 해.
이사할 때마다 늘 내 친구를 사귈 수 있었는데 이번엔 쉽지 않네.
여기서 1년 이상 살았는데 아직 친구가 하나도 없어!

제일 친했던 애가 날 무시해서 그 일에 대해 이메일을 써 보냈어.
그랬더니 나더러 찌질이라고 하잖아.
그래서 나도 기분 나쁜 말을 좀 했더니 자기 블로그에
내 험담을 한 바닥이나 써 놓은 거 있지.

난 늘 친구가 많았어. 그런데 술을 마시거나 담배 피우는 애들을 피하기 시작했더니 어느새 친구가 많이 없어졌어.

난 초등학교 때 인기녀였어.
그런데 중학교에 가자마자 상황이 달라졌어.
학년을 올라갈 때마다 친구가 점점 줄어들고 있는데 이유가 뭘까?

우리 반 애들은 편을 갈라서 싸우기만 해.
내 친구인 척하다가 내가 한 말을 다른 애들한테 다 퍼뜨리고 다녀.
그게 무슨 친구야? 아, 제발 이런 편 가르기가 끝났으면 좋겠어.

내 친구랑 나는 말로만 친구지 이제 거의 말도 안 해.
다시 예전처럼 잘 지내고 싶지만 어려울 건 같아.
아무래도 내 친구를 사귈 때가 됐나 봐.

좋은 친구를 찾고
관계를 유지하는 것만으로도 충분히 힘들어.
거기다 학년이나 학교까지 바뀌면 더 힘들지.

줄곧 어울렸던 친구들과 지금은 함께하지 않을 수도 있어. 만나기는 해도 전처럼 가깝게 지내지 않을 수도 있고. 새 친구를 찾는 이유는 수도 없이 많지.

물론 새 친구를 원하는 거랑 새 친구를 사귀는 건 별개의 문제야. 보통 사람들에게 새 친구를 사귀는 건 힘든 일이야.

가장 중요한 건 네 마음이야. 네가 어떤 친구를 만나고 싶은지 알고, 네가 그런 친구가 되는 방법을 알고 있다면 넌 그런 친구를 만날 준비가 된 거야.

친구를 사귀는 5가지 방법

새 친구가 필요하니? 가만히 앉아서 새 친구가 짠~ 하고 나타나길 바란다면 꿈 깨. 이제부터 어떻게 새 친구를 찾고 만날 수 있는지 구체적인 방법들을 알려 줄게.

1. 어떤 친구를 만나고 싶은지 알아야 돼.

친구가 갖추었으면 하는 모습을 목록으로 작성해 봐. 그리고 그 기준은 긍정적이어야 해. 예를 들어, '난 격려해 주고 힘이 되어 주는 친구를 원해.'라고 친구의 기준을 정해. '나에 대해 거짓말하는 친구는 필요 없어.'라고 생각하지 말고. 최대한 긍정적으로 자세하게 많은 항목을 만들어 봐.

2. 네가 좋아하는 취미활동을 더 자주 해 봐.

방과 후 운동반이나 취미활동 모임은 새 친구를 만나기 좋은 장소야. 그 아이들과는 최소한 한 가지 이상의 공통 관심사가 있잖아.

3. 긍정적인 사람을 찾아봐.

친절하고 타인을 잘 도와주는 사람들은 새 친구를 만나는 데에도 마음이 열려 있어. 물론 양쪽 다 그럴 때 가능한 일이지. 너도 네가 그런 사람이라고 알려 주고 싶으면 상냥하고 사려 깊게 행동하도록 노력해 봐.

4. 네 태도를 바꿔 봐.

네가 부정적으로 생각하는 경향이 있다면, 긍정적으로 바꾸려고 노력해 봐. 말처럼 쉽진 않지만 보통 누구나 밝고 긍정적인 사람들과 친구를 맺으려고 하잖아. 어두운 기운을 떨쳐 내기 어려워? 네 느낌을 솔직히 말할 수 있는 믿을 만한 사람과 이야기해 봐.

5. 지역에서 봉사활동을 시작해.

사람, 동물, 환경 뭐든 좋아. 봉사활동 단체는 멀리서 찾을 필요 없어. 어떤 봉사활동이 끌리니? 방과 후나 주말 봉사활동을 하면 네가 사는 지역에 좋은 일을 하는 거야. 그곳에서 새 친구도 만날 수 있을 거야.

"친구라는 건…."

비싼 옷을 입는 건보다 중요한 건 좋은 친구를 만나는 거야.
좋은 친구는 유행을 타지 않거든.

친구를 따돌리거나 소수의 아이들하고만 어울리지 마.
진짜 좋은 애들과 친해질 기회를 놓치고 있는 거니까.

친구가 잘못된 일을 하고 있다면 모르는 척하지 마.
친구란 서로에게 진실해야 하니까.

친구가 여러 번 실수를 했더라도 용서해 주다.
물론 네가 어떻게 느끼는지는 솔직히 말해 두고.

네가 친구를 도우면 나중에 너도 도움을 받게 될 거야.
네가 상처를 주면 예상치 못한 때에 그 상처가 돌아오게 될 거고.

사람들이 네 친구들을 별 볼 일 없게 여겨도 신경 쓰지 마.
친구들에 대해선 네가 더 잘 알고 있잖아.
네가 친구들을 믿고 있다는 게 젤 중요한 거야.

친구와 네가 서로 깊이 신뢰하고 존중한다면
두 사람은 서로를 믿으면서
좋은 관계를 맺을 수 있을 거야.

당연히 좋을 때도 있고 그렇지 않을 때도 있겠지. 모든 친구관계가 그러니까. 하지만 어떤 친구를 원하는지 네가 잘 알고 있다면 그걸로 충분해. 친구관계가 삐걱댈 때도 지혜롭게 잘 헤쳐 나갈 수 있을 거야.

넌 너 자신에게나 다른 모든 사람들에게 아주 좋은 친구가 될 거야.